Peter Schellenbaum:
Gottesbilder
Religion, Psychoanalyse, Tiefenpsychologie

Deutscher
Taschenbuch
Verlag

dtv

Von Peter Schellenbaum
sind im Deutschen Taschenbuch Verlag erschienen:
Die Wunde der Ungeliebten (35015)
Abschied von der Selbstzerstörung (35016)
Das Nein in der Liebe (35023)

Ungekürzte Ausgabe
Mit einer neuen Einführung des Autors
1. Auflage November 1989 (dtv 15059)
3. Auflage Februar 1993: 15. bis 18. Tausend
Deutscher Taschenbuch Verlag GmbH & Co. KG, München

unter dem Titel ›Stichwort: Gottesbild‹
ISBN 3-7831-0641-9
Umschlaggestaltung: Boris Sokolow
Gesamtherstellung: C. H. Beck'sche Buchdruckerei, Nördlingen
Printed in Germany · ISBN 3-423-35025-3

Das Buch

Gott als krankmachender »Gotteskomplex« (Sigmund Freud) oder als Spiegel der noch unausgeschöpften, unbewußten Lebensmöglichkeiten des Menschen (C. G. Jung)? Gott als übermächtiges Außenbild, das die Entwicklung zur Eigenverantwortung des Menschen verhindert, oder als ein in der Seele verankertes »Leitbild unseres Menschseins«? Die moderne Psychologie hat auf die Frage nach dem Gottesbild zwei sehr unterschiedliche Antworten gegeben, die Peter Schellenbaum in diesem Buch zu einer überzeugenden Synthese führt: Er zeigt, wie das Bild von Gott, das der einzelne als zentralen Wert in seiner Seelentiefe erfahren kann, in einem Heilungsprozeß die Vorstellung von einem äußerlichen, die Entwicklung hemmenden Gott zu überwinden vermag. Er greift die religionspsychologischen Beiträge Sigmund Freuds und C. G. Jungs auf, bezieht auch Erich Fromm und Martin Buber sowie Perspektiven der modernen Theologie ein. Peter Schellenbaum, Psychotherapeut der Jungschen Schule, hat keine nüchterne Abhandlung geschrieben, sondern möchte in bewußter Subjektivität den Leser an seinem Nachdenken über religiöse Leitbilder beteiligen. Mit Beispielen aus der therapeutischen Praxis hilft er, eigene Standorte zu finden, und gibt Impulse zu Orientierung: »Da immer weniger Menschen Zugang zu den Bildern von Gott finden, aber immer zahlreicher sich auf die Suche nach ihrem Selbst machen, kann heute die Tiefenpsychologie wertvolle Hilfen zur Erfassung der Erscheinungsbilder des ›Gottes in uns‹, also der Bilder von Gott in unserer Zeit geben.«

Der Autor

Peter Schellenbaum wurde am 30. April 1939 geboren. Er ist Dozent am C. G. Jung-Institut in Zürich sowie Psychotherapeut und Psychoanalytiker. Nach dem Studium der Theologie war er von 1971 bis 1975 Studentenpfarrer in München. 1979 ließ er sich mit einer eigenen Praxis in Zürich nieder. Er veröffentlichte u. a.: ›Das Nein in der Liebe‹ (1984), ›Abschied von der Selbstzerstörung‹ (1987), ›Die Wunde der Ungeliebten‹ (1988), ›Tanz der Freundschaft‹ (1990), ›Homosexualität im Mann‹ (1991), ›Nimm deine Couch und geh!‹ (1992).

Inhalt

Vorwort zur Taschenbuchausgabe

Im ehemals christlichen Abendland tritt Religion auf immer widersprüchlichere Weise in Erscheinung. Seit 1981, dem Erscheinungsjahr dieses Buches, ist die Kluft zwischen dem institutionalisierten Christentum und einer nur der unmittelbaren Erfahrung verpflichteten Spiritualität noch tiefer geworden. Dadurch wird das Anliegen, das mich zur Niederschrift der »Gottesbilder« bewogen hatte, noch dringlicher. Wie zeigt sich der heutige Konflikt zwischen einer in Glauben und Ethik festgelegten Religiosität und einer Erfahrungsreligiosität, und welches ist das Anliegen, das sich daraus ergibt?

Einesteils fällt die Hilflosigkeit der christlichen Kirchen auf, die Botschaft des Evangeliums so zu »übersetzen«, daß heutige Menschen sie in Lebensimpulse »umsetzen« können. Das Vokabular stammt nicht von mir. Wer »übersetzen« und »umsetzen« will, zeigt, daß er kein Ergriffener, sondern Partei ist, Partei nimmt für eine Idee, die andere Ideen auszuschließen sucht, also Ganzheitlichkeit, ein wichtiges Kennzeichen des Religiösen, vermissen läßt. Er redet nicht aus innerer Betroffenheit, sondern aus professionellem Bemühen. Ist er privat trotzdem ein Ergriffener, bleibt seine Ergriffenheit sprachlos. Er selbst jedoch wird wortgewaltig, wortgewalttätig in seiner Anstrengung zu überzeugen. Daß letzteres ihm nicht gelingt, macht ihn hilflos.

Wie reagieren die Kirchen auf die Kränkung immer wieder erlebter Hilflosigkeit? Die reale Hilflosigkeit der gesellschaftlich immer noch mächtigen Kirchen kann zum Ausbau der Macht verführen. So verstärkt die offizielle katholische Kirche ihre autoritären Strukturen durch immer rigidere und erfahrungsfremdere Vorschriften in Moral und Dogma und eine hörige Hierarchie, die ihre Ohnmachtsgefühle und Machtgelüste mit leeren Worthülsen über »christliche Liebe« verschleiert. Sie setzt sich in Gegensatz zur Grenzen sprengenden, Autorität relativierenden Mystik. Dagegen reagieren viele Angehörige der evangelischen Kirchen – nicht nur der Freikirchen – auf den Schmerz ihrer Hilflosigkeit durch Unterwerfung unter einen fundamentalistischen Buchstabenglauben, der für die tatsächliche eigene und fremde Not blind macht. Zur Stützung der eigenen Glaubensanschauungen mißverstehen sie die Situation des Menschen und deuten sie gewalttätig um. Sie formulieren Fragen abhängig von den bereits festgelegten Antworten. Sie interpretieren ihre Schuldgefühle auf eine Schuld hin, die keine ist, und verdrängen ihre wirkliche, dunkel geahnte Schuld, nämlich die Schuld, ihrer Lebensängstlichkeit den Vorrang vor dem Mut zum eigenen Leben zu geben. – Aufgeklärtere Vertreter der Großkirchen reagieren auf ihre Hilflosigkeit mit milder Resignation und einem subdepressiven Duldertum. Sie meinen, ihr eigenes Kreuz auf sich zu nehmen, dabei ist es bloß das Kreuz einer Autoritätshörigkeit, die in subtileren Formen bei aller Weltoffenheit, Toleranz und intellektueller Redlichkeit fortbesteht.

In schroffem Gegensatz zur Ausblutung und Sklerosierung kirchlicher Institutionen fällt der rasche Wildwuchs einer erfahrungsnahen Religiosität auf, die zumindest auf den ersten Blick Struktur und Autorität meist ablehnt. Sie inspiriert sich vor allem am Hinduismus, Buddhismus und Sufismus, aber auch an einem sich charismatisch verstehenden Christentum. Ich verwende das Wort »Wildwuchs« nicht pejorativ, sondern einfach in Gegensatz zu einer sich in kulturellen Bahnen bewegenden Religiosität. In den spontanen Formen des religiösen Selbstausdrucks zeigt sich tiefe Sehnsucht nach Sinngebung, ganzheitlicher Selbsterfahrung und -verwirklichung. Verschwommene, aber mit intensiven Gefühlstönen wahrgenommene Bilder des Göttlichen werden auf meist fremde Religionen projiziert. Diese werden in ihrer tatsächlichen Eigenart höchstens erahnt, doch kaum von innen her erfaßt. Gefühl und Wahrnehmung finden zu keiner Einheit. Aus diesem Grunde kann eine solche geschichtslose Spiritualität zwar zu intensiven Erfahrungen des Menschen und seiner organischen Verbindung mit dem Kosmos führen, doch bleiben diese eher Ausnahmezuständen vorbehalten. Weil ihnen die kulturelle Verwurzelung fehlt, können sie im Alltäglichen nicht greifen und setzen keinen Wandlungsprozeß in den Bereichen von individueller Entwicklung, Partnerschaft, Beruf, Gesellschaft und Politik frei. – So finden sich etablierte und spirituelle Religiosität schließlich in der gleichen Hilflosigkeit vor.

In diesem Buch schlage ich einen dritten Weg vor, der aus der Lähmung dieser Hilflosigkeit hüben und drüben herausführen soll. Es ist der Weg eines *inneren Dialogs mit den Gottesbildern.* Diese stellen ganzheitliche Muster der Selbstwahrnehmung und des Verhaltens dar, die, wenn wir uns im richtigen Moment von ihnen aufgreifen und ergreifen lassen, unseren Entwicklungstrieb wecken und unser Lebenspotential entscheidend aktivieren können, allerdings nur dann, wenn wir es nicht bei der bloßen Ergriffenheit belassen, sondern uns aktiv und bewußt um den vom Bild angeregten Selbstausdruck bemühen. Ich nenne diesen Dialog *Spiegelkommunikation:* Wie in einem Spiegel kommunizieren wir mit einem uns gerade jetzt zentral ansprechenden und herausfordernden Gottesbild und wecken so in uns ein entsprechendes, zur Entwicklung bereites seelisches Muster. – In meinen späteren Büchern, angefangen bei ›Das Nein in der Liebe‹, verwende ich für diesen Vorgang den Begriff Leitbildspiegelung. – Der spiegelkommunikative Dialog zwischen dem Ich und den Gottesbildern gibt Zugang zu den Quellen der überlieferten Religionen, doch orientiert er sich nicht einseitig an diesen, sondern gleichermaßen an den Entwicklungsbereitschaften des eigenen Selbst. In der polaren Spannung zwischen Gottesbild und Selbst entfaltet sich das Individuum. Die Schwingung des Gottesbildes belebt eine verwandte Schwingung im Selbst, die wiederum das Gottesbild farbkräftiger und wirksamer werden läßt. Dieser Dialog ist mit verschiedenen Schwerpunkten im wesentlichen bei allen Menschen der gleiche. Daher stiftet er in einem viel weiteren und innerlicheren Sinne Gemeinschaft als bei konfessionell verengten Kirchen. Durch ihn wird die Gemeinschaft aller Menschen im Menschlichen greif- und spürbar.

Das, was Menschen seit jeher als das Heilige oder Göttliche erfahren, wird durch die Spiegelkommunikation zu einem in alle menschlichen Bereiche eingreifenden Wandlungsgeschehen. Da sie den Menschen und seine Entwicklung meint, bildet sie ein Korrektiv zu allen Überhöhungen, »Verjenseitigungen« und Verabsolutierungen eines einzigen Gottesbildes. Im so wahrgenommenen und wahrgemachten Gottesbild wird das

Wort Gott zur energiegeladenen Chiffre für die sich heute hier und morgen dort zum unbedingten inneren Anspruch verdichtende Dynamik eines Menschen.

Sehen wir auf diese Weise unsere Gottesbilder, die aus der Kulturgeschichte gewachsen sind und diese gleichzeitig umgeprägt haben, verbinden sich die Religionskritik Sigmund Freuds und die Religionsbejahung Carl Gustav Jungs in gegenseitiger Ergänzung zur inneren Einheit. Die sektiererische Verengung im Umgang mit den Gottesbildern wird aus der prinzipiellen Offenheit der Spiegelkommunikation heraus immer wieder entlarvt und überwunden. Eine heilsame Neugierde auf Gottesbilder welcher Herkunft auch immer kommt ins Wachsen. Zur Fruchtbarkeit des Religiösen bedarf es dieses heilenden inneren Dialogs.

im Sommer 1989 Peter Schellenbaum

1. Gott – Feind des Menschen?
Zu Sigmund Freuds Religionskritik

Wer Sigmund Freuds Schriften zur Religionskritik liest – vor allem ›Zwangshandlungen und Religionsübungen‹ (1907), ›Totem und Tabu‹ (1913), ›Die Zukunft einer Illusion‹ (1917), ›Das Unbehagen in der Kultur‹ (1930) und ›Der Mann Moses und die monotheistische Religion‹ (1937) –, ist zunächst durch das leidenschaftliche Interesse an der religiösen Thematik frappiert. Und es ist keine zerstörerische, sondern eine befreiende Leidenschaft, die sich dem Leser mitteilt. Keine pessimistische, sondern eine optimistische Grundauffassung des Menschen wird spürbar: Es geht Freud um die Lösung von Fixierungen in kindlicher Abhängigkeit mit dem Ziel der größtmöglichen Eigenverantwortung. Freud sah im Gottesbild nichts anderes als ein übermächtiges verinnerlichtes Vaterbild: Das ist die Grenze seines Sehens. Aber dank diesem einseitigen Negativbild Gottes nahm er in großer Schärfe das positive Bild eines von nicht mehr passenden Abhängigkeiten freien Menschen wahr. Nur diesem galt seine Leidenschaft, nicht der Zerstörung des Gottesbildes um der Zerstörung willen. Freud steht damit in der Tradition des alttestamentlichen Gesetzes: »Du sollst dir kein Bildnis machen«, hatte er doch, wie die Juden der Königszeit bei den Baal-Anbetern, das Bildnis, das Gottesbild, nur als Verfremdung des Menschlichen kennengelernt.

Eine fünfzigjährige, von Jung begeisterte Frau bemerkte in der Analyse mit aggressivem Unterton: »Ich möchte nicht Anna Freud sein, wohl aber Emma Jung.« Die gleiche Frau hielt sich für religiös und empfand Freuds Religionskritik als abwertend und destruktiv. Sie wollte nicht Anna Freud sein, also die *Tochter* Freuds. Wie ihren eigenen Vater erlebte sie auch Freud als destruktiv, paradoxerweise gerade in dem Bereich, wo es ihm um die Entmachtung des übermächtigen Vaters ging, nämlich in der Religionskritik. In deren Abwehr zeigte sie, daß sie ihrem Vater immer noch in unerwachsener Weise verhaftet war. Sie identifizierte den Vater der Psychoanalyse mit ihrem eigenen Vater, um sein befreiendes Anliegen, nämlich die Auflösung der ödipalen Fixierung der Tochter, ausblenden zu können. Sie nahm es in Kauf, Freud als bösen, destruktiven Vater zu sehen, um sogar beim Lesen von Freuds religionskritischen Schriften ganz Tochter bleiben zu können. Und warum wollte sie die *Frau* Jungs sein? Damit sie verdrängen konnte, wie sehr sie noch die Tochter Freuds war. In der Tat mußte der – Jungsche – Analytiker mit dieser Frau zuerst ganz im Sinne Freuds den ödipalen Konflikt bearbeiten, bevor die mehr prospektiven, auf Entfaltung des eigenen Selbstmusters hin orientierten Ansätze Jungs fruchtbar werden konnten, das heißt konkret: bevor sie die selbst-bewußte Frau eines Mannes werden konnte.

Diese Frau hatte die religionspsychologischen Schriften Jungs gründlich mißverstanden und im Sinne ihrer eigenen Abwehr mißbraucht, weil sie das Anliegen der Freudschen Religionskritik nicht zu teilen vermochte. Freuds und Jungs Schriften zur religiösen Problematik sind komplementär. Wer die einen nicht kennt, steht in Gefahr, die anderen mißzuverstehen.

Freud war ganz auf die Menschen bezogen, die in seine psychoanalytische Praxis kamen. Er erkannte deren Gottesbild als regressiv und suchte diese Erkenntnis in einen größeren kulturellen Zusammenhang zu stellen. Er zeigte die Verbindung der religiösen Vorstellungen eines allmächtigen Vaters mit dem Bedürfnis nach Schutz »gegen die erdrückende Übermacht der Natur«[1]. Ein Text Erich Fromms veranschaulicht diese Verbindung: »Angesichts gefährlicher, unverständlicher Kräfte wendet er (der Mensch) sich zurück und läßt die Erinnerung aufsteigen, wie er sich als Kind von seinem Vater beschützt fühlte, dem er überlegene Weisheit und Stärke zuschrieb und dessen Liebe und Schutz er durch Gehorsam gegenüber seinen Befehlen und Geboten zu gewinnen vermochte.«[2] Statt diesen Kräften in ihrer Gefährlichkeit und Unverständlichkeit standzuhalten und gangbare Wege zu mehr Sicherheit und Einsicht in die Zusammenhänge zu suchen, flüchtet das schwache Ich des entmutigten Menschen in die Illusion von einer allmächtigen Gottheit, deren Ziel es nicht ist, den Menschen zu mehr eigener Macht zu ermutigen, sondern sich in die menschliche Ohnmacht als gottgewollte zu schicken.

Es geht Freud nicht darum, die auch für den tapfersten Menschen reale Ohnmacht in Leid, Schuld und Tod ebenfalls als Illusion hinzustellen, sondern einzig um die Bloßstellung einer illusorischen, lebenshemmenden Ohnmacht, die heilig zu sprechen eine Gefahr der Religion ist. Die Technik der Religion besteht laut Freud darin, »den Wert des Lebens herabzudrücken und das Bild der realen Welt wahnhaft zu entstellen, was die Einschüchterung der Intelligenz zur Voraussetzung hat. Um diesen Preis, durch gewaltsame Fixierung eines psychischen Infantilismus und Einbeziehung in einen Massenwahn, gelingt es der Religion, vielen Menschen die individuelle Neurose zu ersparen«, weil in der kollektiven Neurose der Religion die infantilen Ohnmachtsgefühle des einzelnen in einen illusionären kollektiven Sinnzusammenhang gestellt werden. »Was dem Gläubigen bleibt, ist als letzte Trostmöglichkeit und Lustquelle im Leiden nur die bedingungslose Unterwerfung.«[3]

Diese Unterwerfung ist oft mit einem »ozeanischen Gefühl« verbunden. »Verschmelzung mit dem All« kann eine Verleugnung einer konkreten Gefahr sein, der das Ich von der Außenwelt her ausgesetzt ist. Die Anlayse von Menschen, die in einer fernöstlich inspirierten Religiosität vor allem das überwältigende *»kosmische Gefühl«* suchen, erhärtet diesen Zusammenhang. Es sind Menschen, die immer dann den *»mystischen Impuls«* spüren, wenn sich ihnen eine reale Lebensaufgabe stellt – und sie ihr ausweichen. Sie bleiben überdies an eine äußere Guru-Vater-Figur fixiert, statt sich nach und nach von einem inneren Guru, von ihrem individuellen Selbstmuster her zu strukturieren. Das Leben solcher Menschen verschwimmt tragischerweise immer mehr ins Gestaltlose, Chaotische. Der Strukturverlust in allen Lebensgebieten – Beziehungen, Beruf, Interessen – ist wohl das untrüglichste Symptom einer regressiven Religiosität im Sinne der psychoanalytischen Religionskritik. Im 4. Kapitel werde ich zu zeigen versuchen, wie zu einer progressiven, das heißt individuationsfördernden Religiosität nicht nur die emotionale, körperlich-seelische Ergriffenheit, sondern auch das vernünftige Begreifen, Verarbeiten, Integrieren gehört. Es gibt auch immer mehr Psychotherapieformen, die einseitig die körperlich-seelische Erschütterung auszulösen versuchen. Diese ist zwar in jedem psychischen

Heilungsprozeß absolut unumgänglich. Wird sie aber nicht analytisch aufgearbeitet und strukturiert, bringen solche Therapien infantile, um eine vielfältig differenzierte Lebensgeschichte geprellte Menschen hervor, deren Symptome jenen gleichen, die Freuds Religionskritik aufzeigt.

Auch außerhalb religiöser und psychotherapeutischer Gruppierungen, die Befreiung versprechen und Infantilisierung fördern, begegnet der Psychotherapeut dem erwähnten Zusammenhang zwischen »ozeanischem Gefühl« und dem Ausweichen vor einer konkreten Lebensaufgabe. So erzählte mir kürzlich ein Student, wie er in einer wichtigen Prüfung durchgefallen sei. Er saß vor der schwierigen Aufgabenstellung und einem leeren Blatt Papier und verspürte zunächst nur Unbehagen und Abwehr. Auf einmal trübten sich seine Augen. Er empfand ein überwältigendes Glücksgefühl und fühlte sich eins mit der ganzen Welt: mit der Sonne, die durchs Fenster schien, den pfeifenden Vögeln, den schwer atmenden Kommilitonen. Er erlebte sein Glück wie eine göttliche Botschaft: Wie unwichtig sind doch diese Prüfungen, das ganze Studium, die Forderungen, die du bisher an dich gestellt hast! So kam es, daß sein Blatt leer blieb.

Solche regressive »Mystik« ist deshalb so schwer aufzudekken, weil in ihr durchaus ein echter, wertvoller Kern verborgen sein kann, nämlich die richtige Intuition jener letzten Ergebenheit, deren der Mensch bedarf, um in einer menschenwürdigen Weise das nicht mehr vermeidbare Leid auf sich zu nehmen. Bonhoeffers Buch ›Widerstand und Ergebung‹ legt davon Zeugnis ab. Dieses zentrale Verhaltensmuster ist jedoch nur dann im Leben eines einzelnen konstelliert, wenn das Menschenmögliche zur aktiven Beseitigung des Leids und zur mutigen Bewältigung der Situation getan wurde. In allen anderen Fällen kommt es zu früh und bedeutet Ausweichen vor einem erwachsenen, verantworteten Leben und damit eine infantile Regression. Fritz Pearls Axiom »Der Weg hinaus führt hindurch« und Teilhard de Chardins Forderung »passer pour dépasser« – »hindurchgehen um zu überwinden« – verdeutlichen, daß fruchtbare Mystik nur im Klima wachster, aktivster Weltbezogenheit entsteht. Teilhard sprach in dem Zusammenhang von »Dieu au pic de ma plume« – »Gott auf meiner Federspitze« –, und dies ohne Zweifel in eben dem Augenblick, als seine seelische Energie voll und ganz ins Schreiben floß.

Gesellschaftliche Bedingungen fördern auch heute wieder die von Freud analysierte infantile Religiosität. Arbeitslosigkeit, Numerus clausus an den Universitäten, zunehmende Technisierung der Lebensbezüge, Atomkraftwerke und ähnliches lassen jenes diffuse Angstklima entstehen, das zur Meidung auch jener Lebensaufgaben, die durchaus zu erfüllen wären, und zur Flucht in die Illusion lockt. Als Studentenpfarrer in München stellte ich seit 1972 einen Wandel in der seelischen Motivation zum Theologiestudium fest. Die Zahl der passiven, ängstlichen, phantasielosen und autoritätsfixierten Studenten nahm in beunruhigendem Ausmaß zu.

Freuds religionskritisches Anliegen wurde und wird von der *Religionspsychologie* übernommen und weiterverfolgt. A. Vergote spricht von der Religion als »Antwort auf Frustrationen«[4], »Stütze der Moral und Gesellschaft«[5], »Antwort auf intellektuelle Neugier«[6], »Absicherung gegen die Angst«[7]; L. Debarge bezeichnet sie als »pathologische Demut, Komplex der Auflehnung, Ödipus-Ängste, neurotisches Schuldgefühl und Menschenscheu«[8].

Auch ein Teil der Theologen setzt sich für die *Säkularisierung* Gottes ein, oft mit ausdrücklicher Berufung auf Freud, häufiger unter stillschweigender Übernahme seines kritischen Ansatzes. Die Säkularisierung war Hauptanliegen der »Theologie vom Tode Gottes« und ist bei führenden evangelischen und katholischen Theologen ein Anliegen unter anderen geblieben. Sie ist allerdings stärker vom philosophischen als vom tiefenpsychologischen Denken geprägt, was in vielen Fällen ein Grund für ihre Ineffizienz ist. Es bleibt oft bei Neuauflagen von sozialphilosophischen Schlagwörtern oder bei theologischen Formulierungen, deren denkerische Brillanz den Mangel an seelischer Verarbeitung und Integrierung nur vorübergehend zudeckt.

Die »Theologie vom Tode Gottes« und in ihrer Folge die verschiedensten »Theologien der Befreiung« auf katholischer und evangelischer Seite haben ein Christusbild entworfen, in welchem das die kindliche Ohnmacht des Menschen fördernde Bild des *über-mächtigen* und überwältigenden *Vaters* keinen Platz mehr hat. Jesu Tod, Folge des starren, institutionalisierten

Gottesbildes bei der herrschenden religiösen Schicht des damaligen Judentums, wird zum verdichteten Symbol für die Überwindung eines die menschliche Entwicklung hemmenden Gottesbildes. Dazu die prägnante Formulierung von J. Moltmann: »Gott selbst starb in Jesus ›für uns‹.«[9] So soll Jesus – als Modell menschlicher Befreiungsdynamik – zum »ganz Neuen«, zu demjenigen, »der unsere Zukunft ist«[10], werden, wie E. Schillebeeckx ausführte. Doch wie hat dies zu geschehen? Wohl nicht durch buchstäbliche Übernahme von äußeren Verhaltensmustern. Wo aber ist das Auswahlkriterium? Mit einem bloß »angelernten« Jesus als äußerem Vorbild ist niemandem gedient.

Dieser Frage nachzugehen – nicht nur in bezug auf das christliche Gottesbild – ist der eigentliche Sinn dieses Buches. Freud gibt darauf keine Antwort. Er beschränkt sich auf eine »Psychologia negativa«, das heißt auf die Analyse jener religiösen Prägungen, die das Individuum entfremden. Seinem Anliegen entspricht auf theologischer Seite das der »Theologia negativa«, deren Ziel es ist, zu zeigen, was Gott nicht ist. Jede ernst zu nehmende Theologie wird sich auch in Zukunft auf der Linie Freuds für den »Tod aller Götter der Macht«[11], wie der evangelische Theologe Jürgen Moltmann sich ausdrückte, einzusetzen haben. Doch darüber hinaus hat sie – in Zusammenarbeit mit der von Jung her geprägten Tiefenpsychologie – Hilfen anzubieten, wie der einzelne in den vieldeutigen Aspekten seines Gottesbildes eindeutige, nur für ihn gültige Anschauungen und Verhaltensweisen wahrnehmen kann. Will sie nicht zu einem altehrwürdigen, doch blutleeren Fossil werden, muß auch sie sich um die individuelle Integrierung der religiösen Inhalte bemühen. In den letzten Jahren ist es vielen sich auf Freud berufenden Psychoanalytikern klar geworden, daß es neben den entfremdenden Prägungen und Ein-drücken auch solche gibt, die im Individuum das eigene Entwicklungspotential beleben, und dies nicht nur in der Kindheit, sondern während des ganzen Lebens. Vor allem die jüngste Narzißmus-Forschung hat sich mit solchen den einzelnen strukturierenden Prägungen befaßt, und zwar nicht im Sinne der Verhaltensforscher, zum Beispiel Masters und Johnsons, die den Menschen fast für beliebig programmierbar halten, sondern als Ausdruck dessen, was Heinz Kohut die »Treue zum eigenen Lebensmuster« als

Hauptkriterium eines gelungenen Lebens nennt. Viele Menschen glauben Erfahrungen von äußeren Prägungen zu machen, die Eigenstes und Persönlichstes in ihnen treffen und wecken. Es geht um Ein-drücke, die wir um unser selbst willen geradezu provozieren. Dies gilt manchmal auch für religiöse Erfahrungen.

Zur Annahme von solchen Prägungen paßt eher das Wort »Innewerden«. Es bedeutet das Gegenteil der Verinnerlichung von ichfremden Einflüssen, wie im Mythos der Tötung und Verspeisung des tyrannischen Hordenvaters durch die rebellischen Söhne. Freud betrachtete diesen Mythos als Ursprung der Religion als einer universalen Zwangsneurose: Die schuldgeplagten Söhne werden jetzt vom einverleibten, »verinnerlichten« Vater tyrannisiert. Das »Innewerden« dagegen ist mit dem katholischen Verständnis der Kommunion vergleichbar: Es geht um die Bewußtmachung und Realisierung einer in der Psyche bereits angelegten Lebensmöglichkeit durch Assimilierung eines äußeren Impulses.

Vermutlich stammt auch das Pathos des Atheismus und der ausschließlich negativen Religionskritik aus der dunklen und intensiven Erfahrung des eigenen unverfremdeten seelischen Grundmusters. Die Grabinschrift des kretischen Dichters Kazantzakis vermittelt dieses Pathos in eindrücklichster Schlichtheit: »Ich fürchte nichts, ich hoffe nichts, ich bin frei.«

Hinter dem Pathos des gegen Entfremdungen ankämpfenden Ich verbirgt sich das Pathos des Selbst; hinter der Leidenschaft des Bilderstürmers die Leidenschaft für das heimliche Spiegelbild. Das erste nährt sich aus der Energie des zweiten. Eindrucksvoll ist für den Analytiker jeweils der Augenblick, wenn der ihm Gegenübersitzende nach vielen Monaten anstrengenden Kampfes gegen die lähmenden Verinnerlichungen der Elternbilder, gegen die nur aufgesetzten, künstlichen Weltbilder, auf einmal zugkräftige Bilder aus seinem inneren Zentrum hervorbringt und die Grundstimmung in der Analyse sich völlig wandelt, weil Lebensverdruß in Lebenslust umschlägt. Nach dem erbitterten Kampf gegen hemmende Mächte plötzlich ein kräftiger Grundstrom nach vorne. Nach der Abrechnung mit der Vergangenheit die Individuation. Die Bilder, die jetzt auftauchen, sind kein Blendwerk mehr, sondern Muster der eigenen Selbstwerdung. Der Schwerpunkt verlagert sich von der Symptomanalyse – der Bewußtmachung des Verdrängten, das sich in neurotischen Symptomen geäußert hat – zur Symbolanalyse, der Auseinandersetzung mit den seelischen Entwicklungsmustern. Zwar wird auch die Symptomanalyse weitergehen. Aber ihre Libido-Besetzung ist geringer geworden.

Jetzt stellt sich die Frage nach dem *Gottesbild.* Tiefenpsychologisch verstehe ich unter Gottesbild jedes die Individuation zentral weckende und fordernde Bild. Ich werde dies ausführlich im vierten Kapitel erläutern. Unter Bild verstehe ich nur selten ein gemaltes Bild, häufiger Anschauungen, Riten, Mythen, Wortbilder, Traumszenen (sogenannte Traumbilder), Motivverknüpfungen aller Art, unter der Bedingung, daß sie symbolischen, das heißt über sich selber hinausweisenden, den einzelnen innerlich ansprechenden Charakter haben. Nicht alle Bilder in diesem Sinne sind Gottesbilder, sondern nur jene, in denen sich unser Selbst gespiegelt sieht. Die Kriterien dafür werden in diesem und den folgenden Kapiteln aufgestellt.

Tiefenpsychologisch ist die Frage nach dem Gottesbild gleichbedeutend mit der Frage nach jenen äußeren Prägungen, welche die Selbstverwirklichung ermöglichen und stimulieren. Ich werde in diesem Kapitel zunächst allgemein den Sinn der Gretchenfrage beleuchten, jener Frage, die Gretchen an Faust stellte: »Wie hältst du's mit der Religion?«, und dann die Einstellung Carl Gustav Jungs zur Religion betrachten.

Die Gretchenfrage bezieht sich nie auf Gott selber, sondern immer auf ein bestimmtes Gottesbild, auf jenes, das den Fragesteller gerade in seinen Bann zieht. Gerade wenn die Frage nach Gott allgemein gestellt und jede Verbindung zu einem »brennenden Problem« negiert wird, haben wir uns zu fragen, aus welchem unbewußten Gottesbild die Intensität der Frage nach Gott stammt. Wir können einfach nicht aus der Welt der Bilder, auch nicht der Gottesbilder heraustreten. Selbstverwirklichung ist nur im Dialog mit Bildern möglich. Die Strukturen der Bilder stammen zwar aus der äußeren Welt, aber deren Anordnung geschieht durch die Fähigkeit der menschlichen Psyche zur Imagination, das heißt in diesem Zusammenhang zur Wandlung der Welt in einen auf die jeweilige innere Situation bezogenen Dialogpartner.

In dieser Auffassung des Gottesbildes hat auch die sogenannte Inkommunikabilität – Nicht-Mitteilbarkeit – des »ganz anderen«, geheimnisvollen Gottes ihren Platz. Nicht nur die Erfahrung von Gottesbildern, sondern auch die von deren Zerbrechen ist so alt wie die Menschheit. Mit jedem neuen Gottesbild teilt sich auch dessen Eigendynamik zu seiner Wandlung und Aufhebung mit. Dies ist natürlich dem von einem bestimmten Gottesbild Faszinierten nicht bewußt. Er erlebt Gott einerseits ganz und gar *in* seinem Gottesbild, andererseits auch *jenseits* seines Gottesbildes im Noch-nicht-Mitgeteilten. Da die Selbsttranszendenz Eigenschaft *jedes* Gottesbildes ist, kann auch die Tiefenpsychologie vom nicht mitteilbaren, ganz anderen Gott sprechen, ohne damit die Welt der Bilder zu verlassen.

Hinter der allgemeinen Frage nach Gott versteckt sich oft die noch unbewußte Frage nach dem Sinn des eigenen, ebenfalls noch unbewußten Gottesbildes. Dies soll an einem Fallbeispiel veranschaulicht werden.

Ein Analysand fragte mich im ersten Kontaktgespräch, was ich von der Religion halte. Ich fragte zurück: »Welche Art von Religion meinen Sie?« Da begann er von seiner streng katholischen Mutter zu erzählen und vergaß nach und nach die Gretchenfrage an mich. Die ersten beiden Sitzungen wurden nun ganz von seinen Berichten über die Mutter in Anspruch genommen. Eigentlich hätte er mich also als erstes fragen sollen: »Was halten Sie von meiner Mutter?«, aber das wußte er damals noch nicht. Ein halbes Jahr später verriet er mir, daß er bei mir keine Analyse angefangen hätte, wenn ich mich abschätzig über Gott und die Religion geäußert hätte. So sehr also war damals für ihn Gott noch identisch mit seiner Mutter.

Doch was hatte die Mutter dieses Mannes mit einem Gottesbild zu tun? War sie nicht vielmehr eine jener verinnerlichten Prägungen, die das erste Kapitel analysierte und von denen es sich zu lösen gilt? Das war sie in der Tat in einer längeren ersten Phase der Analyse, so lange nämlich, als es um die Auseinandersetzung mit der eigenen Mutter ging. Nach Abschluß dieser Phase jedoch geschah etwas Bedeutsames: Das Bild der eigenen Mutter verblaßte, andere Bilder des Mütterlichen aber zogen ihn immer mehr an. So nahm dieser Mann im Analytiker nach und nach die fürsorgliche mütterliche Seite wahr, die im Gegensatz zur Kälte der eigenen Mutter stand. Er begann sich für Muttergestalten in der Literatur zu interessieren. Dies war für ihn ein zentraler Vorgang. Deshalb ist tiefenpsychologisch gesehen das Bild des Mütterlichen für ihn zum eigentlichen Gottesbild geworden, nämlich zu dem Bild, das ihn in seinem Selbst berührte und ansprach. Natürlich war dies kein überliefertes Gottesbild – er assoziierte es übrigens nie mit der Mutter Gottes. Was er erlebte, glich eher dem, was die katholische Theologie eine natürliche Offenbarung nennt, eine Offenbarung Gottes nicht aus einem durch Schrift und Überlieferung in vielen Einzelheiten strukturierten Gottesbild, sondern aus der »Natur«, aus der uns umgebenden Welt – eine Offenbarung, wie wir sie vielleicht beim Lesen eines bestimmten Gedichts oder in der Begegnung mit einem bestimmten Menschen bekommen. Wie jedes andere Gottesbild hatte auch dieses nur *einen* Sinn, nämlich den spiegelkommunikativen Dialog mit ihm zur weitestmöglichen Integration. Als mein Analysand selber jene warme mütterliche Zuwendung zu empfinden und zu geben imstande war, die er bei seiner Mutter vermißt hatte, verlor das Bild der Mutter in ihm an Leuchtkraft: Es war kein Gottesbild mehr.

Das Obsedierende an der Gretchenfrage – das nicht befreiende, sondern quälerische Umkreisen der Religion – kommt von der Unbewußtheit ihrer Bedeutung, von der unbekannten Frage hinter der Frage. Die richtige Frage zu finden ist in vielen Märchen wichtigste Voraussetzung für eine hilfreiche Antwort. Hätte Gretchen Faust fragen können: »Wie hältst du es mit der Treue?« statt »Wie hältst du es mit der Religion?«, hätte es durch diese richtige Frage einen ersten Schritt weg vom symbiotischen Verfallensein an Faust getan. Kindliche Verflechtung und unselbständiges Angewiesensein hätten nach und nach einer reifen und wachen Bindungsfähigkeit Platz machen können. Dadurch aber, daß es für Gretchen bei der falschen Frage blieb, wurde es zu deren tragischem Opfer. In der faustischen Bindungsangst spiegelte sich als Negativbild Gretchens Angst, verlassen zu werden.

Die Frage hinter der Frage zu finden ist oft lebensnotwendig, bezieht sie sich doch auf jenen Lebensschritt, den wir unbedingt tun müssen. Ich möchte dies nun an zwei Fragen noch mehr verdeutlichen. Sie wurden nicht nur C. G. Jung in verschiedenen Formulierungen gestellt, sondern treten wohl ab und zu an jeden sich auf Jung berufenden Analytiker heran. Mit diesen beiden Fragen leite ich zum zweiten Thema dieses Kapitels über, nämlich zur Einstellung Jungs zur Religion.

Die erste Frage lautet: »Sind Gottesbilder nichts anderes als seelische Symbole?« Vielleicht möchte mancher Leser sie auch mir stellen. Manchmal muß diese Frage nicht weiter hinterfragt werden, weil sie ein offenkundiges Anliegen ausdrückt. Wenn jemand so fragt, weil er durch eine vermeintliche Psychologisierung die Nicht-Mitteilbarkeit des »ganz anderen Gottes« bedroht sieht, ist seine Frage als solche ernst zu nehmen. Ich habe bereits versucht, darauf zu antworten. Die Auffassung des Gottesbildes als eines auch seelischen Symbols ist durchaus vereinbar mit dem Anliegen des Fragestellers. Darauf soll unter anderem im 10. Kapitel noch näher eingegangen werden. Oft jedoch geht es bei dieser Frage nur vordergründig um den geheimnisvollen Gott und die Autonomie der Offenbarung. Warum möchte der Fragesteller in dieser etwas Nicht-Seelisches sehen? Warum der Einsatz für »etwas anderes als seelische Symbole«? In der Analyse von Menschen, die so fragen, stoßen wir oft auf ein unverarbeitetes seelisches Problem, auf die unbewußte Identifizierung mit einem seelischen Inhalt, der, einmal bewußt gemacht, sich für den Fragesteller in ein ihm zum Dialog gegenüberstehendes Gottesbild wandeln könnte. Dazu ein Beispiel.

Ein Mann träumt von einem Kloster, in dem Mönche emsig umhereilen. Aus dem Gewimmel erhebt sich Pater X. Er ist offenbar Abt geworden. Er erhebt sich und will etwas sagen, doch kann er es nicht aussprechen.

Aus den Assoziationen des Träumers und seinen Antworten auf meine Fragen ergab sich nach und nach folgende Deutung. Das Kloster steht für die innere Welt des vierzigjährigen Analysanden. Es ist eine Männerwelt mit festen Ordnungen, Gesetzen, Dogmen. Eine Welt, die das sprunghaft unberechenbare Triebleben ausschalten soll. Sie hat etwas Starres an sich. Mit ihrer Antipode, dem spontan pulsierenden Leben, etwa in der Sexualität, ist sie nicht verbunden. Die »Seele« des Träumenden erscheint wie geknebelt, unfrei, unreif. Die patriarchalische Ordnung drosselt sein Leben. Das Wort Seele bedeutet zunächst ganz allgemein das *Lebendige.* Die ältesten Worte für Seele belegen dies, so das hebräische Wort neféss. Deshalb meint der Träumer, die religiöse Welt sei »etwas anderes« als »nur Seelisches«, weil das Seelische (Lebendige) darin unterdrückt ist. Zwanghafte Religiosität ist in der Tat »noch nicht seelisch«, das heißt noch kein Appell an die seelische Lebendigkeit und Entwicklungsfähigkeit. Der gleiche Mann träumte später von einer im Chor einer Kirche eingerichteten, veralteten Apotheke. Sie enthielt keines der Medikamente, die er zu seiner Heilung brauchte.

Das religiös überhöhte und somit der Kritik unzugängliche Patriarchat funktioniert aber nicht so tadellos, wie der Träumer es haben möchte. Der Traum zeigt das wahre Gesicht des »Abtes«, der das innerpsychische Männerkollektiv des Träumers beherrscht. Er ist kein Heiliger, kein Weiser, kein Gerechter, kein Umsichtiger, wie es vom »Vater« in einem Kloster zu erwarten wäre. Das Wort Abt stammt aus dem Hebräischen: Abbas – Vater. Er ist im Gegenteil ein impulsiver, cholerischer, unberechenbarer Mönch – Pater X –, den zum Abt zu wählen den Mönchen nicht im Traum einfiele – oder eben nur im Traum. Hinter der bewußten Bemühung um eine durch Gesetze und Dogmen wohlgeordnete Kirche offenbart der Traum die unbewußte Identität des Träumers mit seiner Anima, seiner weiblichen Seele. Er deckt das Problem des animosen Mannes auf, der seinen seelischen Impulsen so sehr ausgeliefert ist, daß er sich zum Ausgleich eine zwanghafte, religiös vergoldete Gegenwelt aufbaut, die dann eben »nichts Seelisches« ist, das heißt die Entwicklung des Gefühls und des Eros blockiert. Dieser Mann möchte im Traum etwas sagen, aber es hat ihm die Sprache verschlagen. Auch das stimmt: Die Animosität des Träumers ist bloßes Explodieren angestauter Emotionen, sie ist noch nicht Sprache, noch nicht bewußter Ausdruck. Sie ist noch sprachloses Von-innen-nach-außen-Drängen und nicht von außen ansprechbar. Weil sie dialogunfähig ist, konnte sie noch nicht zum Leben des Träumers werden, zum Prinzip einer lebendigen Entwicklung. So ist es begreiflich, daß dieser Mann in den Gottesbildern »etwas anderes« als seelische Symbole sehen will, wehrt er doch diese ab.

In seinem Werk ›Die Beziehungen zwischen dem Ich und dem Unbewußten‹ bezeichnet Jung Gott als »psychologische Tatsache, nämlich die Unabhängigkeit gewisser psychischer Inhalte, die in ihrer Fähigkeit, den Willen zu durchkreuzen, das Bewußtsein zu obsedieren und die Stimmungen und Handlungen zu beeinflussen, sich ausdrückt«[12]. Dies ist jedoch von Jung nicht als Entwertung Gottes gemeint, sondern im Gegenteil als Aufwertung des von uns so leichtfertig Entwerteten, zum Beispiel »eine unerklärliche Laune, eine nervöse Störung oder gar ein unbeherrschbares Laster«[13]. Wir haben die Neigung, diese zu verniedlichen. Doch wenn wir uns von ihnen »ansprechen« lassen und mit ihnen ins Gespräch kommen, werden immer mehr Bilder eines reichen und reifen Gefühlslebens vor uns auftauchen: Der Dialog hat zur Wandlung des Dialogpartners geführt. Anstelle der ungestalteten Laune konstellieren sich vor uns wirkkräftige Modelle für die Integrierung des Gefühls ins bewußte Leben. Wir entdecken sie in anderen Menschen, in Literatur, Kunst, Religion. Aus der dunklen fremden Macht, die Jung in diesem Text Gott nennt, ist ein gestaltetes Gottesbild geworden, mit dem wir in Spiegel-Kommunikation treten können.

Die zweite Frage, die dem Sinne nach an Jung gestellt wurde, lautet: »*Wollen Sie* mit der Hypothese des Kollektiven Unbewußten *die Offenbarung beweisen*?« Auch in dieser Frage kann mit Recht ein nicht weiter zu hinterfragendes, klares Anliegen zum Ausdruck kommen, nämlich das Kollektive Unbewußte nicht mit den von außen her ansprechenden Bildern, ob diese nun aus einer tradierten Religion stammen oder nicht, zu verwechseln. Das Kollektive Unbewußte ist das seelische Lebenspotential, das durch äußere Impulse aktiviert werden kann. Die Spiegel-Kommunikation als dialogische Beziehung setzt die Unterscheidung zwischen dem belebten Kollektiven Unbewußten und der belebenden Offenbarung voraus. Die eine kann die andere nicht beweisen.

Doch auch dieses Problem wird meist um einer anderen, noch unbewußten Frage willen angegangen. Es wird in bezug auf Jung zum Beispiel von Studenten angesprochen, die eine skeptische Einstellung zu Kirche und Religion haben. Sie verraten ein engagiertes Interesse, deren Ablehnung zu äußern. Warum diese Abwehr der »Offenbarung«? – Einer kam später in Analyse. Im Elternhaus und dann in einer Klosterschule hatte er eine streng religiöse Erziehung bekommen, die ihn immer noch in Form von schweren Schuldgefühlen beim geringsten Ausdruck eigener spontaner Lebendigkeit plagte. Die Ablehnung der »Offenbarung« bedeutete also die Auflehnung gegen das durch die religiöse Erziehung zu mächtig gewordene irrationale Über-Ich. Aber das war nicht alles. Die Reduzierung des Über-Ich auf ein erträgliches Maß infolge der Analyse legte bei dem jungen Mann nach und nach eine ungewöhnlich starke positive Faszination für religiöse Symbole frei, eine religiöse Dialogfähigkeit, die bisher hinter dem Panzer des dominanten Über-Ich nicht zum Durchbruch kam, nun aber wie eine »Offenbarung aus einer anderen Welt« erlebt wurde, eine Offenbarung nicht über fremde Dinge, sondern über die eigene Seele. Hinter dem in der Frage versteckten Vorwurf an Jung, er übernehme in der Tiefenpsychologie unbewiesene religiöse Anschauungen, steckte also die Anziehung für das Nicht-Aufgesetzte an der Offenbarungsreligion, nämlich für deren Fähigkeit, die Seele des Menschen zu wecken.

Nachdem wir im Anschluß an Jung nach der unbewußten Motivation geforscht haben, die sich oft hinter der allgemeinen, aber leidenschaftlichen Frage nach Gott und der Religion verbirgt, und nachdem wir gerade in dieser Motivation, sobald sie bewußt wird, ein den einzelnen auf Selbstwerdung hin bewegendes Gottesbild aufgedeckt haben, können wir uns jetzt dem Problem zuwenden, wie Jung das Verhältnis zwischen Gott und dem Selbst sieht. Er sagt nach Protokollberichten in einem Referat zum Thema »Gut und Böse in der analytischen Psychologie«: »Dieses ›Selbst‹ steht nie und nimmer an Stelle Gottes, sondern ist vielleicht ein *Gefäß* für die göttliche Gnade.«[14] »Die göttliche Gnade« ist für ihn als Tiefenpsychologen eine Parabel für das empirisch verifizierbare Erlebnis, von übergeordneten Mächten erschüttert und ergriffen zu werden (vergleiche 4. Kapitel). Diese Bemerkung schickt Jung dem Sinn nach dem angeführten Text voran. Das Wörtchen »vielleicht« in diesem Text deutet an, daß er die Grenzen seines Vergleichs sieht. Außerdem haben wir die geringe Aussagekraft eines Protokollberichts zu berücksichtigen.

Von größerer Tragweite ist ein Text, in dem Jung das Verhältnis zwischen Gott und dem Selbst mit dem zwischen einem Prägenden und einem Geprägten vergleicht: »Der religiöse Standpunkt verlegt den Akzent begreiflicherweise auf den prägenden Stempel, die Psychologie als Wissenschaft aber auf den allein faßbaren ›typos‹, die Prägung. Der religiöse Standpunkt faßt den Typus als Wirkung des Stempels auf; der wissenschaftliche dagegen faßt ersteren als Symbol eines ihm unbekannten und unfaßbaren Gehaltes auf.«[15]

Bei näherer Betrachtung dieses Textes wird klar, daß Jungs Sicht des typos, und damit der Archetypen, nicht in einer theologischen Symmetrie einen prägenden Gott voraussetzt. Dies käme übrigens der aristotelisch-thomistischen Auffassung Gottes als des primus movens, des ersten Bewegers, nahe. Jung stellt zwar in der menschlichen Psyche dynamische, das heißt auf Aktivierung durch Bilder drängende Prägungen fest – die Archetypen –, doch sieht er diese als Tiefenpsychologe nicht kausal, sondern final, nicht von einem prägenden Gott her, sondern auf das noch nicht ausgeprägte Selbst hin. Auch die Gottesbilder, wie wir sie beschrieben haben, prägen nicht kausal, sondern stehen in einem spiegelkommunikativen, gegenseitig umprägenden Verhältnis zum Individuum. – Der zitierte

Text wurde von einigen Interpreten dahin mißbraucht, daß sie Jung eine tiefenpsychologisch nicht vertretbare Objektivierung Gottes zuschrieben. Jung objektivierte keinen ersten Präger der Archetypen. Ähnlich wie der Biologe einen genetischen Code untersucht, forschte er nach den dynamischen Wirkkräften in der menschlichen Seele. Er glich dem Kranken am Teich Siloah, der auf die Bewegung im Wasser wartete, damit ihm Heilung widerfahre. Auch Jung blieb der das Wasser bewegende Engel unsichtbar. Außerdem waren ihm, im Gegensatz zum jüdischen Kranken, zu viele Mythen bekannt, in denen das Wasser aus der Tiefe bewegt wird, als daß er den Engel ohne weiteres als ein Wesen einer höheren Welt objektivieren konnte.

Ich schließe das Kapitel über Jungs Einstellung zur Religion mit einem oft zitierten Text aus ›Psychologie und Religion‹, den ich als Voraussetzung und Ausgangspunkt für meine späteren Überlegungen zur Spiegel-Kommunikation des Menschen mit einem Bild betrachte, das den zentralen Archetyp des Selbst belebt, wodurch das Bild zum Gottesbild wird.

»Religion scheint mir eine besondere Einstellung des menschlichen Geistes zu sein, welche man in Übereinstimmung mit dem ursprünglichen Gebrauch des Begriffs ›religio‹ formulieren könnte als sorgfältige *Berücksichtigung und Beobachtung* gewisser dynamischer Faktoren, die aufgefaßt werden als ›Mächte‹: Geister, Dämonen, Götter, Gesetze, Ideen, Ideale oder wie immer der Mensch solche Faktoren genannt hat, die er in seiner Welt als mächtig, gefährlich und hilfreich genug erfahren hat, um ihnen sorgfältige Berücksichtigung angedeihen zu lassen, oder als groß, schön, sinnvoll genug, um sie andächtig anzubeten und zu lieben.«[16]

Im Beziehungsmodell der Spiegel-Kommunikation können wir auch ein *Wort* als Bild bezeichnen, nicht nur, um einen gemeinsamen Begriff für das Du im spiegel-kommunikativen Dialog zu haben, sondern vor allem weil das Denken in der Kategorie der Spiegel-Kommunikation ein örtliches und visuelles ist. Dieses eignet sich am besten, die gegenseitig belebende Auseinandersetzung zweier Pole darzustellen. Der Leser bemerkt, wie auch der letzte Satz ganz aus dem örtlichen, visuellen Denken stammt: »gegen-seitige«, »Auseinander-setzung«, »zweier Pole«. Das auditive Denken ist viel weniger örtlich; das örtliche Moment klingt höchstens im Wort Echo an. Aber auch da, wie noch stärker in den Dialogwörtern »ansprechen« und »antworten«, überwiegt der subjektive Erlebnischarakter der auditiven Welterfassung im Gegensatz zum mehr objektiven Charakter der visuellen, das heißt imaginierten Kommunikation, in der zwei Partner sich gegenseitig ins Auge fassen, um sich im Spiegelbild des anderen tiefer und weiter als bisher wahrzunehmen.

Das Wort »Gott« jedoch ist kein Bild. Wir können es uns nicht bildhaft vorstellen. Andere Wörter, die Menschen und Dinge bezeichnen, wie Vater, Mutter, Baum, Wasser, Frau, Freund, sind gleichzeitig Bilder: Jedes von ihnen evoziert in uns ein Bild. Dies kann sogar für die »bildlose« Musik gelten, die in vielen Hörern Bilder belebt. Mit solchen Wörtern, Lauten, Tönen ist also unter Umständen eine Spiegel-Kommunikation möglich, dann nämlich, wenn sie in Bilder umgesetzt werden. Mit Gott jedoch gibt es keine Spiegel-Kommunikation, wohl aber mit einem Gottesbild oder einem Gotteswort.

Wo liegt der Unterschied? Das Wort »Gott« bezeichnet kein konkret mit unseren Sinnen und unserem Denken faßbares bestimmtes Gegenüber. Ein Bild wird erst zum Gottesbild, wenn es – wie am Schluß des letzten Kapitels bereits angeführt – den zentralen Archetyp des Selbst belebt. Ebenso wird für mich ein Wort zum Gotteswort, wenn es mein Selbst anrührt. Das Wort Gott bezeichnet also eine Erfahrung, die zusammen mit einem bestimmten Wort oder Bild gemacht wird, worauf wir von einem Gotteswort oder Gottesbild sprechen.

Um welche Erfahrung geht es? Um die Erfahrung einer *Wirkung*, die ein Du auf das Ich ausüben kann. Das Wort Gott ist ein *Wirkwort*. Die Wirkung, die mich ein Wort als Gotteswort und ein Bild als Gottesbild bezeichnen läßt, ist die einer völligen Wandlung des Ich auf eine umfassendere und zentralere Persönlichkeit hin, die wir im Anschluß an das Âtman der Inder als das Selbst bezeichnen. Für das, was sich mir in diesem Vorgang aus dem Gegenüber mitteilt, braucht es ein eigenes, unverwechselbares Wort. In einer noch nicht personalistischen Weltschau ist dieses besondere Wort ein bloßer Energiebegriff: das sogenannte »Mana« der Naturvölker. Dessen Wirkung wird magisch erlebt und noch nicht dialogisch auf die aktive Integration des Ansprechenden hin begriffen. Im geschichtlich-dynamischen Weltbild der Juden dagegen wird der Träger dieses Wortes als Person erlebt, steht er doch in einem anspruchsvollen Dialog mit dem Menschen, von dem Antwort und Verantwortung gefordert werden. Im Weltbild des Buddhismus, das als tiefenpsychologisch zu bezeichnen ist, werden spezifisch religiöse Wörter wie Götter, Dämonen, Geister symbolisch als äußere Spiegelungen innerer seelischer Vorgänge aufgefaßt, so zum Beispiel im Tibetanischen Totenbuch, in dem der Tote ermahnt wird, weder die friedlichen noch die zornigen Gottheiten zu objektivieren und zu verdinglichen, sondern diese immer in Beziehung zu inneren seelischen Prozessen zu setzen. Davon hängt die Erlösung von der Wiedergeburt ab.[17]

Es ist bedenkenswert, daß auch der Buddhismus an spezifisch religiösen Wörtern wie den erwähnten festhält, obwohl er sie nie mit bestimmten äußeren Wirklichkeiten identifiziert. Spezifische Wirkungen auf die menschliche Psyche machen eben spezifische Wörter nötig. Da Wirkwörter immer Erfahrungswörter sind, dürfen sie nicht in Abstraktionen übersetzt werden. Gerade das Irrationale dieser Wörter macht den wichtigsten Teil ihrer Wirkung aus. Des Irrationalen wegen wurden sie geschaffen. Wenn wir zum Beispiel von einem »dämonischen Menschen« sprechen, meinen wir dieses Irrationale, das uns zwar ergreift, das wir aber noch nicht begreifen. Solange wir einen Menschen als dämonisch erleben, verkörpert er für uns ein negatives Gottesbild. Haben wir ihn durch Integration seines Bildes entdämonisiert, ist er für uns kein Träger des »dunklen Gottes« mehr.

Das altgermanische Wort für Gott bedeutet »das Angerufene, was man zu sich ruft, das Beschworene«[18]. Das Aussprechen des Wortes in diesem ursprünglichen Sinn bewirkt die Sprengung der Einsamkeit im Ich. Es ist das *Wirkwort der Beziehung,* wie im fünften Kapitel im Zusammenhang mit Martin Buber ausführlich dargelegt wird. Schon der Stoßseufzer »Mein Gott« kann vielleicht die Blockierung des Ich in einer schwierigen inneren und äußeren Situation lösen und auf etwas noch Unausgesprochenes, etwas Geahntes hin öffnen.

Wir haben die Neigung, das Wirkwort Gott wie auch andere Wirkworte zu versachlichen und zu rationalisieren. Hinter dieser Neigung verbirgt sich die Unfähigkeit, die Wirkung machtvoller Worte auszuhalten und ihre Fruchtbarkeit in der Psyche zu entfalten. Wir wehren ihre Wirksamkeit ab, indem wir sie ohne jene Emotion aussprechen, die zu ihrer Prägung geführt hat. Wieviel Abwehr Gottes kann sich hinter einer einseitig dogmatischen Theologie verbergen, wieviel Abwehr gegen jene konkreten Anschauungen, Ideen, Gedanken, die jetzt als Gottesbilder zu uns sprechen möchten!

Die widersprüchliche Verwendung der Wirkworte als objektivierte Sachworte zur Abwehr der Mitteilung hängt mit der schizoiden Isolierung vieler heutiger Menschen zusammen, die sich wie außerhalb ihres Körpers und ihrer Gefühle erleben. Dazu ein Beispiel:

Das Wort *Liebe* ist wie das Wort Gott ein Wirkwort und kein Sachwort. Und doch wird es in Beziehungsgesprächen oft gebraucht, als wäre es ein letzteres. Kürzlich hörte ich, wie eine junge Frau zu ihrem Freund sagte: »Ich kann dich nicht *lieben, wenn* du an mich so kindliche Erwartungen stellst.« Die Knüpfung der Liebe an eine Bedingung widerspricht deren Charakter als Wirkwort. Es ist überdies bezeichnend, daß das Erwachsensein in diesem Satz unbewußt mit der eigenen Abwehr gegen die tiefe archetypische Liebeserfahrung verbunden wird. Bewegende Gefühle werden unbewußt infantilisiert und entwertet. Im nächsten Kapitel wird zu zeigen sein, daß es ohne umwälzende seelische Erfahrungen keine Spiegel-Kommunikation und somit keine Individuation gibt.

Weil das Wort Gott nicht als Sache gesehen, sondern nur in seiner Wirkung erlebt werden kann, ist die *Alternative zwischen Theismus und Atheismus* letztlich falsch. Sie objektiviert ein subjektives Problem, das beide – Theisten und Atheisten, falls sie an dieser Alternative festhalten – miteinander teilen. Diese Alternative setzt nämlich voraus, daß das Wort Gott für den, der sie setzt, kein Wirkwort mehr ist, sondern ein Sachwort geworden ist. Dieses Sachwort, das eine bestimmte Weltwirklichkeit verabsolutiert und vergöttert, wird von den einen verteidigt und von den anderen bekämpft. Beide wissen nicht, daß das Wort Gott als Wirkwort entstanden ist, das zu verteidigen oder zu bekämpfen ebenso absurd ist wie die Verteidigung oder Bekämpfung des physikalischen Gesetzes der Schwerkraft, dessen Auswirkungen wir erleben. Das Wort Gott ist als Wirkwort entstanden, das die Erfahrung der menschlichen Selbstverwirklichung als etwas, das dem einzelnen bei jedem Entwicklungsschritt neu wie von außen zugesprochen wird, ausdrückt, die Erfahrung, daß das Selbst auf dem ganzen Weg seiner Entfaltung immer in der Mitteilung eines Du erlebt wird. Dieses Du ist so vielfältig wie die Welt. Alles kann mir zum Gottesbild werden. Das Wort Gott und alle anderen religiösen Wirkworte entstanden aus dieser Erfahrung der »Welt als Du«, wie Martin Buber sich ausdrückte, aus der Erfahrung, daß das Du sich ebensowenig erschöpft wie das Selbst und daß beide sich gegenseitig wandeln. Sogar im magischen Wort der Naturreligionen, das noch keinen richtigen Dialog ermöglichte, zeigte sich bereits die zwingende, nicht zu umgehende Verbindung zu Mächten, die zu berücksichtigen lebensnotwendig ist. Darin ist die menschheitsgeschichtliche spätere Entwicklung zum Dialog und zur Spiegel-Kommunikation bereits potentiell enthalten.

Im verkehrten Gebrauch eines Wirkwortes als Sachwort äußert sich Lebensangst. Ein Analysand verteidigte abstrakt, doch engagiert die Existenz Gottes, und es wurde mir nach und nach klar, daß er damit ein bestimmtes neues Gottesbild abwehrte, nämlich das Bild Gottes als eines Vaters, dessen Liebe weniger wechselhaft und egoistisch war als die seines eigenen Vaters.

Die Abwehr galt natürlich der eigenen schwierigen Aufgabe, »Vater seiner selbst«, das heißt selbstverantwortlich zu werden und damit wirklich liebesfähig. Wie seine Träume zeigten, war er selber auf der Schwelle zu einer tieferen Liebesfähigkeit, aber die Angst vor Selbstverantwortung und Hingabe hinderte ihn noch daran, diese Schwelle zu überschreiten. All sein Spekulieren über Gott diente der Verschleierung der Frage, welches Gottesbild sich in ihm jetzt konstellieren wollte. Nach einigen Sitzungen theologischen Redens lehnte er sich erschöpft zurück und seufzte: »Ach Gott!« Ich bemerkte darauf: »Jetzt glaube ich Ihnen das Wort Gott zum ersten Mal.« Er schaute mich verblüfft an und schwieg längere Zeit. Dann begann er zu erzählen, wie er sich Gott eigentlich vorstellen möchte. Sein Gottesbild begann sich in das Bild eines positiven Vaters zu wandeln. Auch jetzt noch griff er zu theologischen Argumenten, doch diese waren im Gegensatz zu vorher von seinem innern Selbst her gesteuert. Sie dienten nicht mehr der Abwehr, sondern der Spiegel-Kommunikation.

Zwangsneurotische Religiosität bannt die Wirksamkeit dessen, was mit dem Wort Gott gemeint ist, nämlich die Ansprechbarkeit durch das jetzt im einzelnen konstellierte Gottesbild. Weil sie die lebendige Gotteserfahrung nicht zuläßt, führt sie zum Zweifel an »Gott« und zur Abwehr dieses Zweifels. Beschwörende Gebete mit feststehendem Wortlaut werden geschaffen, um den Zweifel zu bannen. Der jetzige Wortzwang soll die frühere Wortmacht ersetzen. Aber der innere Zweifel läßt sich nicht übertölpeln. Er drängt nach außen. Also muß auch außen ein Gegengift gefunden werden. Das Wort, das innen nicht mehr tönt, soll nun nach außen schallen. Man predigt, missioniert, schafft gewaltige soziale Strukturen, um das Wort zu verwalten. Man gründet eine Propaganda fidei, eine Werbezentrale für die Schlagkräftigkeit des Wortes Gottes. Ein kirchliches Lehramt häuft Wortschätze in einem »depositum fidei« an – wörtlich Glaubensablage oder Glaubensbank. Das Kapital der formulierten Worte soll über den Verlust des unbedingt Auszusprechenden hinwegtäuschen. Und wenn irgendwo in diesem kompakten Wörterschatz ein Wort – wiederum das Wort Gott, das sich nicht auf Dauer binden läßt – im wahrhaftigen Gottesbild eines einzelnen zu zittern und zu leben beginnt, wird dieser nach seinem Tod so bald wie möglich heilig gesprochen, damit das Wort wieder dingfest werde und der nunmehr Heilige für die Wertbeständigkeit des Dingwortes Bürgschaft leiste.

Unter den heutigen Theologen hat sich unter anderen Dorothee Sölle mit dem Wort Gott auseinandergesetzt. Sie schreibt, daß »diese Vokabel die dringlichste Aufforderung, Wirklichkeit wahrzunehmen«, enthielt, daß Gott also »ein Movens, nicht ein Quietiv« gewesen sei. Und sie fährt fort: »Vielleicht müssen wir auf den Namen Gottes verzichten, gerade wenn uns daran liegt, zu sagen, was dieses Movens bedeutet hat und bedeuten kann.«[19]

Der Psychoanalytiker Erich Fromm hält den Gebrauch des Wortes Gott für fraglich und problematisch.[20] Er meint, daß seelische Haltungen wie die der Freiheit, Gleichheit, Brüderlichkeit aus der Französischen Revolution das Potential des Wortes Gott voll und ganz in sich enthalten. Die menschenmögliche Konkretisierung des Wortes Gott löse dieses auf.

Doch Fromm täuscht sich, wenn er meint, daß die menschenmögliche Konkretisierung des Wortes Gott in der Geschichte der Menschheit je ein Ende haben werde. Solange sich der Mensch wirklich entwickelt, braucht er ein besonderes Wort, das jene Weltwirklichkeit bezeichnet, die sich ihm jetzt mit der stärksten emotionalen Besetzung als unbedingt zu erfüllende Aufgabe stellt. Verringert sich das leidenschaftliche Interesse für *dieses* Bild, flammt es später für *jenes* auf. Die emotionale Intensität in allen Bildern, während sie für einen einzelnen Gottesbilder sind, stammt aus dem zentralen Sektor der Psyche, dem Selbst. Doch definiere ich das Wort Gott nicht einfach als den Ort der stärksten Libidobesetzung eines Individuums in einer bestimmten Phase seiner seelischen Entwicklung. Das Besondere am Wort Gott besteht darin, daß ich die stärkste Libidobesetzung als mir zugesprochen erlebe: Aus ihr redet mich ein Du an.

Nur wenn ein Individuum sich in seinem Kern immer neu ansprechen läßt, kann es sein Selbst-Muster in der ihm zugedachten Lebensaufgabe verwirklichen. Dem für Anruf offenen Individuum entspricht als Anrufendes ein Du, das zwar aus den verschiedensten Weltwirklichkeiten sprechen kann, aber für den Angesprochenen das gleiche Du bleibt. Selbst wenn wir mit Erich Fromm die Ideale der Französischen Revolution von Freiheit, Gleichheit, Brüderlichkeit als umfassende Definition des menschlichen Selbst ansehen würden, wären deren konkrete Möglichkeiten zur Selbstverwirklichung in der Psyche unbegrenzt, so daß wir weiterhin auf unabsehbare Zeit hinaus auf immer neue zentrale Lebensmodelle angewiesen wären, das heißt auf immer neue Gottesbilder. Das Kollektive Unbewußte des Menschen ist praktisch unausschöpflich. Ebenso unausschöpflich ist das Du, das dieses zu beleben vermag. Kollektives Unbewußtes und Gottesbild sind komplementäre Begriffe. Der Verzicht auf das Wort Gott würde den Verzicht nach sich ziehen, die den Menschen konstituierende grundsätzliche Ansprechbarkeit auszudrücken.

Und warum sollen wir gerade in einer Zeit auf dieses Wort verzichten, in der immer mehr Menschen an narzißtischen Neurosen, das heißt an der Unfähigkeit zur Selbst-Wahrnehmung in der Spiegel-Kommunikation mit einem Du erkranken? Sollten nicht Theologen und Psychologen eher die ursprüngliche Bedeutung des Wortes Gott vermitteln? Stehen wir nicht in Gefahr, in einem zu engen Menschenbild – zum Beispiel in dem der Französischen Revolution – zu ersticken, wenn wir nicht mehr auf zentrale, zunächst irrationale Impulse achten? Ich vermute, daß bei vielen die Angst vor dem eigenen Irrationalen die Ablehnung des Wortes Gott motiviert. Doch solange wir uns vor dem eigenen Irrationalen fürchten, kann dieses nicht in unser seelisches Leben integriert werden: Wir bleiben irrational, ohne es zu wissen.

Eine andere Frage ist die, ob wir dieses »gleiche Du« Gott nennen sollen. Wenn nicht, wie dann? Dieses Du, was wir Gott nennen, hat nicht nur in der Geschichte vieler einzelner, sondern auch in den verschiedenen Kulturen eine lange, sich in der Vergangenheit verlierende Geschichte. Eine ähnliche Erlebnisqualität hat dieses Wort seit jeher geprägt. Würde der Verzicht auf das alte und die Schaffung eines neuen Wortes nicht gerade jene Ungeschichtlichkeit fördern, die Symptom des narzißtischen Menschen ist? Wäre es nicht einfacher, das überlieferte Wort Gott wieder sinnvoll zu verwenden, wie es der evangelische Münchner Theologe Wolfhart Pannenberg vorschlägt?

»Das Wort Gott kann nur sinnvoll verwendet werden, wenn es das Gegenüber des grenzenlosen Angewiesenseins des Menschen meint.«[21]

Zum Schluß des Kapitels unterbreite ich dem Leser eine unerläßliche Unterscheidung im Gebrauch des Wortes Gott. Ich erwähnte bereits, daß in diesem Buch das Wort Gott in einem psychologischen Sinn verwendet wird. Um zu verstehen, was damit gemeint ist, müssen wir diesen vom soziologischen und theologischen Sinn des Wortes abgrenzen.

Die *Psychologie* untersucht das Wort Gott in bezug auf seine *Wirkung im Individuum.* Sie interessiert sich nicht für die Frage, ob ein den einzelnen auf sein Selbst hin prägendes Gottesbild auch ein Gottesbild für andere Menschen ist. Dies beschäftigt sie höchstens im Zusammenhang mit solchen Gottesbildern, die in der Menschheit allgemeine Verbreitung gefunden haben, also mit sogenannten archetypischen Gottesbildern. Aber auch diese werden von ihr nur in bezug auf die jeweilige, situationsbezogene Wirkung in einem bestimmten Individuum gesehen. Ansonsten zieht sie die kollektive Dimension des Wortes Gott nicht in Betracht. Deshalb kann die Psychologie auch dann von einem Gottesbild sprechen, wenn dieses nicht von einem Kollektiv geteilt wird und sogar im Leben des einzelnen nur vorübergehend ein Gottesbild ist. Sie ist zu diesem eigenwilligen Gebrauch des Wortes Gott nicht nur berechtigt, sondern aus der ihr eigenen Perspektive sogar verpflichtet, geht sie doch in ihrem Gebrauch der sogenannten Wirkworte einzig von deren spezifischen Wirkungen in der Psyche aus. Stellt sie also beim Wort Gott die beschriebene spezifische Wirkung, nämlich die Belebung des zentralen Selbst, in der Psyche fest, muß sie dieses Wort für jeden bewegenden Impuls einsetzen, der diese Wirkung auslöst. Sie erfüllt damit die auch kulturgeschichtlich notwendige Aufgabe, die Wirkwörter wieder an jene seelischen Erfahrungen zurückzubinden, die zu ihrer Schaffung geführt haben. Geschähe dies nicht, würden die den Wirkwörtern zugrundeliegenden seelischen Erfahrungen chaotisch und zerstörerisch werden, weil sie sich nicht ausdrücken könnten. Wenn das *Potential der psychischen Ansprechbarkeit,* wie wir das *Unbewußte* definieren könnten, nicht durch die entsprechenden Worte geweckt wird, ertrinkt der einzelne in der

Sprachlosigkeit und regrediert in immer gröbere und unstrukturiertere Ausdrucksformen. Es ist für die psychische Gesundheit notwendig, daß die Tiefenpsychologie den Mut aufbringt, das Wort Gott auch da einzusetzen, wo dieser Gebrauch durch keine Kollektivnormen abgesichert ist. Diese Aufgabe würde ihr nicht zufallen, wenn die Kultur noch jene innere Tragfähigkeit hätte, die es dem Individuum ermöglicht, in den Kollektivwerten seine eigene seelische Struktur ausreichend gespiegelt zu sehen.

Es gibt noch einen weiteren Grund, warum wir heute auf der tiefenpsychologischen Bedeutung des Wortes Gott bestehen müssen. Viele Formeln der Forscher, Techniker, Politiker scheinen rational und sachbezogen; in Wirklichkeit aber sind sie gefährlich irrational und wurden nur ihres unbewußten emotionalen Gehalts wegen geprägt. Die explosiven Gottesbilder, die sie verstecken, treten im Schafspelz nüchterner Überlegungen auf. Wir haben unsere Aufmerksamkeit auf ihre vertuschte Identität als Gottesbilder zu lenken, damit wir ihren Pseudorealismus nicht fraglos übernehmen, sondern sie als symbolische Aussagen mit einem dunklen ambivalenten Kern betrachten. Erst infolge unserer Spiegel-Kommunikation mit ihnen können sich vernünftige, integrierte, verantwortbare Denk- und Verhaltensmuster ergeben. Die Gottesbilder sind zum Teil aus den etablierten Religionen in die Anonymität ausgewandert – ins Exil der Namenlosigkeit – und treten inkognito an unerwarteten Stellen auf. Erst die Wahrnehmung der Gottesbilder als solche schützt vor ihren destruktiven, gegen den einzelnen gerichteten Überwucherungen und ermöglicht die Spiegel-Kommunikation zu ihrer Kanalisierung und Fruchtbarkeit.

Die *Soziologie* betrachtet im Gegensatz zur Tiefenpsychologie das Wort Gott als Ausdruck des höchsten gemeinschaftsstiftenden Kollektivwertes in einer bestimmten Gesellschaft, eines Kollektivwertes, der durch das Zusammenspiel zweier Faktoren entsteht und erhalten bleibt, zunächst durch die irrationale Ergriffenheit vieler angesichts dieses Wertes, sodann durch dessen kollektive Gestaltung in Lehren, Verhaltensnormen und Riten. Die Soziologie ist nicht wie die Tiefenpsychologie daran interessiert, für den höchsten Kollektivwert den Gebrauch eines besonderen Wortes wie des Wortes Gott zu fordern, untersucht sie doch nur die sozialen Bedingungen, unter denen dieses empirisch auftaucht. Es ist ihr gleichgültig, ob es überhaupt auftaucht. Ebenso gleichgültig ist es ihr, ob ein bestimmtes Gottesbild, zum Beispiel das in Jesus offenbarte, in allen Individuen des entsprechenden Kollektivs gerade wirksam ist. Sie würde also Jesus auch dann noch als Gottesbild eines Individuums bezeichnen, wenn dieses in seiner gegenwärtigen Entwicklung kaum von ihm geprägt würde, falls es sich nur dem Kollektiv, das dieses Gottesbild hat, verpflichtet fühlt. Die Psychologie dagegen könnte ihn diesem Falle nicht mehr von einem Gottesbild sprechen. Würde jedoch in einer schwierigen Umbruchsituation die Botschaft von Kreuz und Auferstehung dieses gleiche Individuum wieder so zentral ansprechen, daß es aus ihr die zu leistende seelische Wandlung imaginieren und realisieren könnte, würde Jesus für es wieder zu einem Gottesbild, neutestamentlich ausgedrückt zu Christus.

Die *Theologie* teilt mit der Psychologie die Bemühung um die Belebung des Gottesbildes im Individuum und mit der Soziologie die Auffassung von diesem Gottesbild als einem Kollektivwert. So steht sie in einer Widersprüchlichkeit, die aber für den einzelnen und das Kollektiv unvermeidlich ist. Aus dieser auszuhaltenden Widersprüchlichkeit entstehen zwei Risiken: Das Risiko, die individuelle Gotteserfahrung dank der totalen Resonanz, der sie im eigenen Kollektiv begegnet, über dessen Grenzen hinaus in einer ausschließlichen Offenbarungs-Religion zu verabsolutieren, also das Risiko der Intoleranz. Dann das Risiko der Entfremdung von der ursprünglichen Erfahrung und der seelischen Blockierung in einem veräußerlichten Kollektiv, in einer überstrukturierten Kirche.

Jeder der drei Gesichtspunkte hebt eine Eigenart hervor, die zum vollständigen Verständnis des mit dem Wort Gott Gemeinten beiträgt: der psychologische Gesichtspunkt betont seine das Selbst im Individuum weckende, der soziologische seine gemeinschaftsstiftende Funktion und der theologische die Widersprüchlichkeit zwischen dem ersten und dem zweiten Gesichtspunkt, die aber zu seiner Fruchtbarkeit gehört.

»Ein Mann, der nicht eine Art Traumbild seiner Vollendung in sich trägt, ist genauso monströs wie einer ohne Nase«, schrieb Chesterton. Sein Vergleich stimmt auch tiefenpsychologisch. Eine gute Nase haben bedeutet mit Intuition begabt sein, das heißt in bezug auf die eigene Individuation: wirkkräftige Bilder des Selbst in sich tragen, aus sich gebären und nähren. Bilder des Selbst werden, wie erwähnt, nicht ohne äußere Bildimpulse im Individuum geweckt. Um zum Beispiel im wörtlichen Sinne sich als Christ zu erfahren, benötigt ein Individuum den »Christusimpuls«, wie Rudolf Steiner sich ausdrückt: »Christus« als ein ins Innere rufendes äußeres Bild. Sogar Traumbilder können nicht ohne äußere Bildimpulse entstehen.

Stammen solche Bildimpulse aus einer überlieferten Religion, werden sie allgemein als *Gottes*bilder bezeichnet. Insoweit wir von der jüdisch-christlichen Tradition geprägt sind, ist Selbsterfahrung gleichbedeutend mit der subjektiven Betroffenheit durch das jüdisch-christliche Gottesbild.[22] Aber auch Selbsterfahrung außerhalb des Wirkungsfeldes eines überlieferten Gottesbildes ist auf äußere an-sprechende Motive und Motivverknüpfungen angewiesen. Dazu ein Beispiel: Ein Individuum, dessen gelungene Entwicklung in einer bestimmten Lebensphase davon abhängt, mit Angst fertig zu werden, braucht Modelle der Angstbewältigung, wie sie unter anderem die Helden vieler Märchen und Mythen sind. Das äußere Bild stimuliert und ermöglicht die jetzt konstellierte Selbsterfahrung. Je zentraler und notwendiger eine solche Erfahrung ist, desto mehr wird das sie auslösende äußere Bild im Zustand der Ergriffenheit wahrgenommen. Wir nehmen es mit der gleichen Gefühlsqualität der Erschütterung und Betroffenheit an (oder verweigern es) wie die traditionellen Gottesbilder, soweit diese uns noch ansprechen können. Deshalb verwende ich aus tiefenpsychologischer Sicht das Wort *Gottesbild* auch für solche Anschauungen, die uns im Profanen zentral ergreifen und bewegen. Der Blut schwitzende Christus am Ölberg und der Seiltänzer über den Niagara-Wasserfällen: zwei Bilder der Angstbewältigung von völlig unterschiedlicher Tragweite. Und doch nimmt ein bestimmtes Individuum sie unter Umständen mit der gleichen zentralen Ergriffenheit wahr, weil es in beiden ein bedeutsames Symbol für einen jetzt zu vollziehenden eigenen Entwicklungsschritt sehen kann. Etwas »Göttliches«, nämlich »uns unbedingt Angehendes«, kann aus beiden sprechen. Vom tiefenpsychologischen Standpunkt aus ist es deshalb durchaus legitim, ja notwendig, das Wort Gott wiederum in dem Sinne zu brauchen, der zu seiner Bildung Anlaß gegeben hat. Das altgermanische Wort für Gott bedeutet wie erwähnt »das Angerufene«. Der anrufende Mensch will einen jetzt unerläßlichen Lebensschritt tun. Sein Auge wird deshalb auf ein äußeres Bild gelenkt, das den Blick fasziniert, das heißt bündelt, damit es ihm zum hilfreichen Modell der Selbstverwirklichung werde. Das äußere Motiv löst eine so intensive und zentrale Emotion im Menschen aus, daß es eines eigenen unverwechselbaren Wortes bedarf, um die dialogische Erfahrung mit ihm auszudrücken: das Wort *Gott.* Aus dem Bild spricht Gott, dessen einzige gleichbleibende Eigenschaft das Antworten auf Fragen der Selbstverwirklichung ist. Das konkrete Bild, aus dem die jeweilige konkrete Antwort folgt, wird zum Gottesbild, auch wenn es, wie alle Bilder, aus »weltlichem Stoff« zusammengesetzt ist. Das in jedem Gottesbild ebenfalls erfahrene Nicht-Mitteilbare, nämlich das, was die Theologie als »Gott, den ganz anderen« bezeichnet, wird durch den tiefenpsychologischen Gebrauch des Wortes Gott nicht berührt, sondern im Gegenteil als Voraussetzung für die sich nur im Dialog ereignende Selbstverwirklichung des Menschen gefordert, ähnlich wie die als Atmosphäre überall den Globus umgebende Luft die Voraussetzung dafür ist, daß wir reisend immer neue Länder er-fahren können. Der Atem, die Lebensenergie würde uns sonst ausgehen. Ohne die Intuition eines »verborgenen Gottes« wäre der psychischen Möglichkeit zum Dialog irgendwann ein Ende gesetzt.

Jedes Gottesbild, sowohl das profane als auch das kirchliche, steht in Gefahr, entweder schwärmerisch zu verströmen oder in einer immer verästelteren Ikonographie zu verdorren. Die emotionale Ergriffenheit reicht nicht aus, um die kommunikative Lebendigkeit eines Gottesbildes ständig zu erneuern. Auch die bloß auf das äußere Bild hin treu orientierte Deutungsarbeit garantiert nicht die lebendige Wirkung auf die Psyche. Es braucht in erster Linie ein inneres Begreifen und Verarbeiten dessen, das mich so sehr ergriffen hat. Ergreifenden Bildern gegenüber reagieren wir leicht mit kritikloser Anziehung oder Abwehr: Wir werden sentimental oder zynisch. Die Spiegel-Kommunikation mit einem Gottesbild wird einerseits durch das subjektive Ergriffensein in Gang gebracht und gehalten, andererseits benötigt sie zur Erreichung ihres Ziels, nämlich des jetzt angezeigten Individuationsschrittes, Einsicht und Vernunft.

Um diese beiden Seiten der Spiegel-Kommunikation geht es in diesem Kapitel. Ich werde versuchen, Rudolf Ottos Darstellung der religiösen Ergriffenheit in seinem Buch ›Das Heilige‹ zusammenzufassen und durch die unerläßliche Berücksichtigung der tiefenpsychologischen Verarbeitung zu ergänzen. Das »Begreifen«, von dem im Titel dieses Kapitels die Rede ist, meint eben diese Verarbeitung: Er-greifen als aktiver Integrationsprozeß. Ich glaube damit sowohl Freuds Religionskritik gerecht zu werden, die das nur »ozeanische Gefühl« als Regression bloßstellt, wie im 1. Kapitel dargelegt wurde, als auch Jungs positiver Bewertung der Religion, die das Thema des 2. Kapitels war. Gleichzeitig sollen die Erwägungen über das Wort Gott, von dem im 3. Kapitel die Rede war, jetzt in eine innerlichere Erfahrung des Gottesbildes münden.

Erfahrungen des *Numinosen,* wie Rudolf Otto das Heilige und Göttliche nannte, sind auf der Grenze zwischen Instinkt und Psyche, zwischen passivem Getriebensein und aktivem Anstreben, zwischen Überwältigung und Befreiung. Wie Chesterton vergleicht Otto das, was sich in unserer Annäherung ans numinose Erlebnis abspielt, mit einer Geruchserfahrung: »ein erstes Sich-Erregen und Wittern des Mysteriösen«[23]. Auch Geruchserfahrungen verbinden in hohem Maße das Psychische mit dem Instinktiven.

Das »Ergreifende«, von dem Otto spricht, ist, wie schon das Wortbild zeigt, in bezug auf unser bewußtes Ich ein Äußeres. Von diesem »göttlichen« Gegenpol stammt die Initiative, uns zu ergreifen. So entsteht ein Energiegefälle vom äußeren Bild zum inneren Erleben. Unter einem äußeren *Bild* verstehe ich jedes äußere Motiv von anschaulichem Charakter, sei es ein

Wort oder eine Idee, oder eine typische Verknüpfung von zwei oder mehreren Ereignissen, oder eine modellhafte Darstellung eines seelischen Prozesses, oder eine Persönlichkeit als Leitbild, oder im direktesten Sinne eine bildhafte Darstellung. Mein Begriff des Bildes kommt also dem Begriff der Information aus der Kybernetik nahe. Indem wir zu begreifen versuchen, warum uns gerade *dieses* Bild so sehr zu erschüttern vermag, beginnen wir, dessen innere Dynamik für unsere Selbstwerdung zu realisieren: Wir werden, was wir begreifen. Dadurch kehrt sich das Energiegefälle immer mehr um: Wir bemächtigen uns jetzt dessen, was uns ergriffen hat. Im gleichen Maße vermindert sich die subjektive Ergriffenheit, deren einziger Sinn es ja ist, das Begreifen zu motivieren. Diese beiden Aspekte – Ergriffensein und Begreifen, Betroffenheit und seelische Verarbeitung – machen das Wesen der Spiegel-Kommunikation mit einem Gottesbild aus.

Wie sehr das passive Ergriffensein durch ein Gottesbild und sein aktives Ergreifen und Begreifen zusammengehören, zeigt sich auch in folgender Überlegung: Das uns ansprechende äußere Bild ist nicht einfach identisch mit der objektiven Wirklichkeit dessen, was für uns ein Bild ist. Eine äußere »Sache« oder Persönlichkeit wird erst dadurch zum Bild, daß unsere eigene seelische Gestaltungskraft eine subjektive Auswahl in der Wahrnehmung trifft. Damit meine ich keinen Verdrängungsvorgang, verbunden mit Projektionen des Verdrängten, sondern im Gegenteil das, was Jung den Individuationstrieb nennt: die Verwirklichung des im Unbewußten »programmierten« Selbst. Das Individuum nimmt die äußere Realität in einem bereits individuell gestalteten Bild wahr. Schon die erste emotionale Ergriffenheit ist also vom gestaltenden Begreifen und Verarbeiten mit verursacht. Das Bild steht gewissermaßen zwischen der äußeren und inneren Welt als ihre einzige Verbindung. Es wäre folglich ungenau zu sagen, durch die Spiegel-Kommunikation erlebe das Subjekt seine noch unbewußte, aber auf Bewußtheit hindrängende Psyche im Spiegel der Außenwelt. Nicht die Außenwelt selber ist Spiegel, sondern ein sowohl von der Außen- als auch von der Innenwelt gestaltetes Bild. Dessen Leuchtkraft stammt wohl aus der rational nicht festzumachenden Übereinstimmung zwischen den beiden Welten. Das Bild offenbart deren letzthinnige Einheit, ohne sie beweisen zu können.

Diese mehr erkenntnistheoretischen als tiefenpsychologischen Erwägungen können uns hier nicht weiter beschäftigen. Doch setze ich sie auch dann voraus, wenn ich vereinfachend vom *äußeren* Bild spreche. Jedes bewegende Bild steht auf der Grenze zwischen der Außenwelt und der »inneren«, das heißt unbewußten Psyche. Das vom örtlichen Denken her geprägte Wahrnehmungsmuster der Spiegel-Kommunikation hat aber insofern seine Berechtigung, als das bewußte Ich das an-sprechende Bild zunächst als ein gegenüberstehendes erlebt.

Otto selber beschreibt den zweiten Aspekt der Spiegel-Kommunikation, nämlich das innere Begreifen und Verarbeiten, nicht. Doch davon hängt es ab, ob das numinose Erlebnis wieder fatal im Kollektiven Unbewußten ohne wahrnehmbare Gestalt und Geschichte ertrinkt und das Individuum unverändert zurückläßt, oder ob dieses ihm eine neue Einsicht zur Persönlichkeitswandlung abgerungen hat. Wenn ich jetzt auf die Phänomenologie der Ergriffenheit eingehe, die Otto in meisterhafter Weise entwirft, möge der Leser nicht vergessen, daß es sich dabei nur um die eine Seite der Spiegel-Kommunikation handelt.

Der den Menschen ergreifende Gott ist für Otto das Irrationale, Unaussprechliche, nicht in Begriffe, nur in Symbole zu Fassende.[24] Die einseitige Rationalisierung der Gottesidee verhindert das »fromme Erleben«[25]. Das Heilige ist nicht das Moralische, wie Kant meinte.[26] Das numinose Gefühl ist ein *»Objekt-Gefühl«*, das als solches das Subjekt ergreifen kann. Der Begriff des Objekt-Gefühls hat uns hier kurz zu beschäftigen. Er enthält nämlich die Bedeutung dessen, was Jung das *objektiv Psychische* nennt, das gleichbedeutend ist mit dem Kollektiven Unbewußten. Jung hat den Begriff in Anlehnung an Ottos »Objekt-Gefühl« geschaffen. Er wurde und wird dieses Begriffes wegen oft angegriffen. Die meisten Angriffe beruhen auf einem Mißverständnis, das bereits durch den Hinweis auf den Zusammenhang mit dem »Objekt-Gefühl« ausgeräumt werden kann. Otto umschreibt dieses als *»Kreatur-Gefühl«*[27], was theologisch das Gefühl bedeutet, Gottes Geschöpf zu sein, und tiefenpsychologisch die Erfahrung des Angewiesenseins auf äußere »objektive« Impulse, auf Gottesbilder im beschriebenen Sinne. Es geht also weder Otto noch Jung um die kreatürliche Ohnmacht, um eine Entmachtung des Menschen, die in einer Überkompensation die Allmacht eines Schöpfers fordert, sondern ganz im Gegenteil um die Weckung der zur Verfügung stehenden seelischen Energie des Menschen. Der »Schöpfer« spricht dem Menschen Energie zu. Von hier aus ist auch die »Demutsmystik«[28] zu verstehen, die nicht auf der Macht eines Übermächtigen, sondern auf dessen teilweiser Entmachtung durch Mitteilung, also eben auf dem beruht, was ich als Spiegel-Kommunikation bezeichne. Das Über-Mächtige ist nicht das den Menschen Schwächende, sondern die dem Ich zugesprochene Macht, damit aus dem Ich ein Selbst werde.

Erich Fromm stößt sich am Begriff des Objektiv-Psychischen, weil er den Zusammenhang mit dem Objekt-Gefühl, das heißt mit dem rezeptiven Bewußtsein, nicht kennt, das für den neuen von außen »objizierten«, das heißt »entgegengeworfenen«, seelischen Inhalt empfänglich ist. Fromm sieht darin in erster Linie Jungs Versuch, die Inhalte des Kollektiven Unbewußten als objektiv wahr hinzustellen. Jung selber leistet diesem Mißverständnis Vorschub, indem er manchmal das Eigenschaftswort *wahr* anstelle des Eigenschaftsworts *wirklich* setzt. Wenn er schreibt: »Wahr ist, was wirkt«, oder: Eine »Idee ist psychologisch wahr, insoweit sie existiert«[29], meint er damit die Wirklichkeit dieser Idee in der Psyche, woraus die Notwendigkeit entsteht, sie als psychodynamischen Faktor zu berücksichtigen. Doch erst infolge der bewußten Annahme der Idee wird sie im Ausmaß eben dieser Annahme wahr. Was wir dagegen an dieser Idee infolge unserer Weltanschauung ablehnen, ist zwar weiterhin wirklich, aber nicht wahr. Ich kann zum Beispiel sehr wohl die Wirklichkeit eines destruktiven Persönlichkeitsanteils in mir wahrnehmen, aber dessen Ausleben wäre eben unter Umständen doch nicht wahrhaftig – nicht wahr für mich –, weil ich es nicht verantworten könnte. Der Begriff Wahrheit darf nicht vom urteilenden Subjekt losgelöst werden. Er setzt ein Verstandesurteil voraus. Es wäre nützlich, in Zukunft diese Begriffsverwirrung zu vermeiden.

Wie wichtig diese Unterscheidung ist, läßt sich aus den Folgerungen ersehen, die Fromm aus Jungs mißverstandenem

Wahrheitsbegriff ableitet. Er sagt nämlich dem Sinne nach, wenn das Objektiv Psychische keinen Urteilsakt brauche, um wahr zu sein, könnten die unter der Naziherrschaft erlebte »folie à millions« und jeder Massenwahn gerechtfertigt werden. Nun bedeutet der Ausdruck »Objektiv Psychisches« aber gerade, daß dieses dem Subjekt als Appell zu einer bewußten Auseinandersetzung »entgegengeworfen« wird, eben weil es moralisch neutral, weder gut noch böse ist. Jung spricht in anderen Zusammenhängen von der oft lebenswichtigen Notwendigkeit, Identifizierungen mit dem Objektiv Psychischen zu lösen, indem dieses zunächst abgespalten wird. Nur so wird mit ihm – als einem jetzt Gegenüberstehenden – der Dialog ermöglicht. Aus dem Dialog kann sich eine teilweise Assimilierung oder auch – wie im Falle der Ahnengeister bei den Primitiven – eine noch wirksamere Abspaltung ergeben.[30]

Jung verherrlicht also keineswegs das numinose Ergriffensein, sondern fordert das seelische Begreifen und Verarbeiten der ergreifenden Inhalte. Das eine ist so wichtig wie das andere. Die Zunahme der narzißtischen Neurosen zeigt jedoch, daß es heute einer großen Zahl von Menschen mehr am Zulassen der numinosen Ergriffenheit als am vernünftigen Begreifen fehlt. Die Sorge um das »irrationale« Erleben ist ebenso berechtigt wie das Pochen auf Rationalität. Auch die Bioenergetik und Selbsterfahrungstherapien wissen, daß die Not des heutigen Menschen in der Undurchlässigkeit für körperliche und seelische Impulse liegt. Allerdings dürfen auch ihre Vertreter nicht vergessen, daß das befreiende Erlebnis und »Sich-Spüren« noch keine dauernde Heilung bringt.

Der Begriff des Objektiv Psychischen läßt sich weiterhin dadurch rechtfertigen, daß das Kollektive Unbewußte in seinen Grundmustern vom Bewußtsein nicht beeinflußt wird, sind diese doch älter als das Bewußtsein. Damit ist der Vorwurf, den auch Müller-Pozzi in seiner Psychologie des Glaubens macht, Jung »verwechsle psychologische Existenz mit Wahrheit«[31], zurückgewiesen. Einerseits existieren die objektiven Grundmuster der Psyche – die Archetypen – auch unabhängig vom Bewußtsein. Andererseits stellt sich jedem Individuum die Aufgabe, in ethisch verantwortbarer Weise aus diesen objektiven Entwicklungsbereitschaften sein zentrales Muster zu weben.

Ich ging in diesem Exkurs vom »Objekt-Gefühl« aus, das Otto als »Kreatur-Gefühl« verdeutlicht. Das menschliche Subjekt erfährt dieses zunächst keineswegs als friedvolle »Harmonie mit dem Schöpfer«. Im Gegenteil. Anfänglich herrscht schärfste Antinomie zwischen dem »zugreifenden Göttlichen« und dem ergriffenen Menschen. Im Aufeinanderprallen mit einem neuen Gottesbild droht dem alten Ich zunächst Überwältigung und Vernichtung, der triumphale Einbruch des noch Wilden und Fremden: *»So bin ich, und du bist nicht.«*[32] Das *Tremendum:* Scheu, Zittern, Abwehr, Angst vor der Vergewaltigung streitet mit dem *Faszinosum,* der unwiderstehlichen Anziehung. In diesem Stadium ist Gott noch eine »image sauvage«, ein »wildes Bild«, wie der österreichische Filmemacher Titus Leber sich ausdrückt.

Das Furchterregende am neuen Gottesbild kommt tiefenpsychologisch gesehen daher, daß dieses uns zunächst als das »ganz Andere« erscheint, das noch kein verwandtes Echo in der eigenen Seele hervorruft. Die Folge ist, wie Otto schreibt, das »absolute Befremden«[33]. Augustinus begründet dieses durch die Unähnlichkeit, tiefenpsychologisch: die momentane Unfähigkeit des Ich, den durch das Bild belebten seelischen Inhalt zu integrieren: »Inhorresco in quantum dissimilis ei sum«[34]: Grauen überfällt mich, insofern ich ihm unähnlich bin. Dieses Grauen kann bis in den psychotischen *Stupor* führen. Der Stuporöse reagiert auf das absolut Befremdende mit starrem Staunen. Die einzige Ich-Leistung ist der Totstellreflex. Wer Bilder von Menschen, die im schizophrenen Stupor blockiert sind, mit solchen von Menschen in erstarrter religiöser Ergriffenheit vergleicht, wird kaum einen Unterschied feststellen können.

Dasselbe gilt vom anderen Extrem numinosen Erlebens, nämlich von der befreienden Erfahrung, daß das Fremde das Eigene ist. Sie macht das *Faszinosum* aus. Augustinus beschreibt diesen zweiten inneren Vorgang mit dem Satz: »Inardesco in quantum similis ei sum«[35]: Ich erglühe, insofern ich ihm ähnlich bin. Der psychotische Gesichtsausdruck des Entzückens ist dem der religiösen Verzückung, wie wir ihn von Heiligenbildern kennen, zum Verwechseln ähnlich. Die überwältigende Erfahrung des Eigenen im neuen Fremden hat aber noch nichts mit Begreifen und Integration zu tun, weder im einen noch im andern Fall. Auch in der Kirchengeschichte wird der echte vom falschen Mystiker dadurch unterschieden, daß jener »Früchte trägt«, während dieser nach der religiösen Ekstase süchtig ist wie andere nach Alkohol und Macht.

Augustinus beschreibt die Erfahrung des Faszinosum als Erglühen und Brennen. Auch Moses bekam seine Offenbarung aus dem brennenden, doch nicht verbrennenden Dornbusch. Der Initialtraum eines Mannes in der Analyse weist mehrere Ähnlichkeiten damit auf: »Plötzlich sehe ich Feuer. Meine Aufmerksamkeit wird von einer stattlichen Föhre im Vordergrund angezogen: An ihrem Stamm lodert ein großes Feuer empor. Es brennt lautlos, ohne den geringsten Rauch und ohne den Baum anzugreifen. Über dem Ganzen herrscht eine weihevolle Ruhe.«

In diesem Traum sind wichtige *Kennzeichen jeder Offenbarung*, des Aufscheinens eines neuen Gottesbildes, zu beobachten. Das Geschehnis kommt *von außen:* Es ist, »wie wenn das Feuer vom Himmel gefallen wäre«. Der Durchbruch des Neuen wird als *Einbruch* eines Fremden erlebt. Dies nimmt der Träumer *»plötzlich«* wahr. Bei den Synoptikern, vor allem im Markusevangelium, das als ältestes Evangelium noch am stärksten den Ereignischarakter des in Jesus offenbarten Neuen vermittelt, wird das Wort »euthýs«, plötzlich, häufig gebraucht. Auch in der Dichtung werden Erfahrungen, die das Aufflammen einer neuen, wesentlichen Einsicht, eine neue »Erleuchtung im Selbst« zum Thema haben, oft mit dem Wort »plötzlich« eingeleitet, um den einbruchsähnlichen, unerwarteten Charakter zu verdeutlichen.

Feuer ist ein Libidosymbol. Mit Jung verstehe ich den Begriff Libido nicht spezifisch sexuell, sondern allgemein als seelische Energie, die sich allein im Energiegefälle bemerkbar macht: nicht qualitativ, sondern quantitativ. Feuer bedeutet das Ergriffenwerden durch einen neuen seelischen Inhalt, der das Individuum »in Feuer und Flamme« setzt; es zeigt also ein neues Energiegefälle an. Feuer in Träumen kann aber auch auf eine drohende Psychose aufmerksam machen.

Im erwähnten Traum geht es um einen brennenden, aber nicht verbrennenden Baum, Symbol für eine Energie, die sich nicht aufzehrt. Der Träumer hat zu Beginn seiner Analyse eine neue Offenbarung, die ihn nicht zerstört, sondern in einen Zustand zeitlosen Glühens versetzt. Teilhard de Chardin bezeichnete eine neue wesentliche Einsicht als »glühende Wahrheit«. Eine seiner Schriften ist überschrieben mit dem Titel »vues ardentes«, glühende Ansichten.[36] Die Meditation des indischen Yogi wird als Tapas, als Bebrüten des Selbst, als Hitze und Glut beschrieben. Das Fehlen von Rauch weist darauf hin, daß dieses Feuer den Träumenden nicht als tote Asche zurücklassen wird. Die über dem Ganzen herrschende »weihevolle Ruhe« ist ebenfalls typisch für die Offenbarung eines neuen Gottesbildes: Etwas Wichtiges, Zentrales, das eine Persönlichkeitswandlung bewirkt, geschieht.

Zum Schluß nochmals ein Wort zum zweiten Aspekt der Spiegel-Kommunikation, nämlich zum seelischen Begreifen und Verarbeiten, zur Integrierung der durch das Bild geweckten Inhalte. Da die folgenden Kapitel ausführlich davon handeln werden, beschränke ich mich hier auf die Antwort auf einen Einwand, der oft gegen Ottos Auffassung des Göttlichen erhoben wird, den Einwand nämlich, Rudolf Otto beziehe die Umwelteinflüsse nicht in die Erfahrung des Göttlichen ein. Es gebe kein reines »Göttliches«, sondern nur durch die Umwelt vermittelte Erfahrung von ihm.

Ich lasse den Philosophen Ernst Bloch die Antwort geben. Er beschreibt im dritten Band von ›Das Prinzip Hoffnung‹ die unentwirrbare Mischung von authentischem Selbst-Erleben und Fremdbestimmung in folgenden Sätzen: »Gerade weil Menschen an sich *noch unbestimmt* sind, brauchen sie ein *Zwischending von Spiegel und aufgemaltem Bild,* wenn sie hineinsehen. Dann blickt ihnen verstärkt, als edler Rat oder gar als Verpflichtung, das Bild dessen entgegen, was sie, nach Maßgabe ihrer Anlage und ihrer Zeit, werden sollen, um eines nicht nur inneren Friedens voll zu sein.«[37]

Offensichtlich setzt auch Bloch voraus, daß nebst der äußeren Anpassung auch Spiegel-Kommunikation zur Entfaltung der eigenen Anlage möglich ist, das heißt Wahrnehmung des noch unbewußt Eigenen durch Spiegelung in einem noch fremden Bild. Wer die Unterscheidung zwischen »Spiegel und aufgemaltem Bild« überhaupt für relevant hält, muß ein Unterscheidungskriterium zur Hand haben, und dieses kann nur ein subjektives sein, nämlich ein Evidenzgefühl, ein zentrales Betroffen- und Ergriffensein durch eine bisher fremde Anschauung, ein bisher fremdes Bild oder Wort, ungeachtet der Tatsache, daß Zentrales nur zusammen mit Peripherem erlebt wird und von diesem rational nicht gesondert werden kann. Die Art und Weise, wie wir – nach dem Wort Tillichs – »das uns unbedingt Angehende« hernach zu integrieren suchen, ist allerdings ebenso stark sozial wie individuell geprägt, und es mag sein, daß unsere Integrationsbemühungen sich im nachhinein als falsch, gar schädlich erweisen. Sie müssen ständig an der äußeren Realität gemessen werden. Deshalb ist auch folgendem Satz Blochs beizustimmen: »Dunkel und unbestimmt bleibt unser Kern, weiß nicht, wie er heißt.«[38]

Somit ist die bloße Projektion unbewußter Persönlichkeitsanteile auf einen Projektionsträger, der nur wenig mit dieser Projektion gemein hat, nicht ganz von der Spiegel-Kommunikation mit unbewußten Persönlichkeitsanteilen zu unterscheiden, die im Spiegel des anderen tatsächlich wahrgenommen werden. Beide, Projektion und Spiegel-Kommunikation, treten wohl immer miteinander vermischt auf. Die Projektion, wie wir sie im Anschluß an Freud und in Abgrenzung gegenüber der Spiegel-Kommunikation verstehen, entspringt der Neigung zur Regression, zur Fixierung in kindlichen Erinnerungsbildern, die Spiegel-Kommunikation dagegen dem Individuationstrieb, dem Drang nach Selbstverwirklichung. Aus dieser Unterscheidung wird ersichtlich, daß Spiegel-Kommunikation nur in dem Maße möglich ist, wie die bloß projizierten Inhalte zurückgenommen und integriert worden sind. – Vieles von dem, was ich Spiegel-Kommunikation nenne, wird im Werke Jungs ebenfalls als Projektion bezeichnet. Doch da es um zwei wesentlich verschiedene Vorgänge geht, drängt sich auch eine terminologische Unterscheidung auf.

In seinem Werk ›Zur Psychologie der Übertragung‹ schildert Jung, wie bei Arzt und Patient gleichzeitig der gleiche archetypische Inhalt konstelliert wird, wie »beide von der Wandlung des Dritten ergriffen und gewandelt werden«[39]. Das hat zur Folge, daß jeder im Spiegel des anderen diesen neuen seelischen Inhalt wahrnimmt. Würden wir für diesen spiegelkommunikativen Vorgang das Wort Projektion gebrauchen, käme dies einer Abwehr dessen, »was uns unbedingt angeht«, gleich: Wie ein fremdes, gefährliches Projektil würden wir das abwehren, was eigentlich unser Innerstes ist. Wir würden den anderen in einem Punkt ablehnen, wo er tatsächlich unser Zwillingsbruder oder unsere Zwillingsschwester ist.

Das seelische Ergriffensein, von dem in diesem Kapitel die Rede war, fordert als natürliches Gegenstück nicht die Projektion, sondern die Spiegel-Kommunikation mit dem uns Ergreifenden.

5. Das Du und das Selbst
Gedanken zur analytischen Beziehung

Es geht in diesem Kapitel zunächst um die analytische Beziehung und die Frage, was diese mit der Beziehung zu einem Gottesbild zu tun hat. Hernach wird der Begriff des Selbst im Werke C. G. Jungs beleuchtet, und zwar im Blick auf dessen Beziehungsaspekt. Dieser wird uns dann noch mehr im Werke Martin Bubers interessieren. Und schließlich wird das Gesagte in einem Fallbeispiel zusammengefaßt und veranschaulicht werden. Das ganze Kapitel will den Umgang des einzelnen mit einem Gottesbild beleuchten.

Es gibt Menschen, die das tiefe, zentrale Ergriffensein, von dem im letzten Kapitel die Rede war, zum ersten Mal im Laufe einer analytischen Psychotherapie erleben. Dabei handelt es sich nicht ausschließlich – und nicht einmal vorwiegend – um areligiöse Menschen, die noch nie die Gelegenheit bekommen hätten, durch Vermittlung der Kirchen in Berührung mit wirkkräftigen Bildern und Anschauungen zu kommen. Es ist im Gegenteil verwunderlich, wie es gerade konfessionell gebundenen Menschen oft an seelischer Durchlässigkeit für bewegende äußere Motive fehlt. Im geschlossenen mittelalterlichen Weltbild haben kirchliche Kultbilder und dogmatische Anschauungen einen nachhaltigeren Einfluß ausgeübt als heute. Biographien von Heiligen und Mystikern belegen, wie sehr die oft bis ins letzte Detail von der kirchlichen Tradition fixierten Kultbilder und Lehrsätze viele einzelne wahrhaft erschüttern und im Herzen treffen konnten, so daß sich ihr Leben manchmal von einem Tag auf den anderen wandelte. Sicher waren es nicht die ikonographischen und dogmatischen Vorschriften, die das Selbst anrührten. Aber die allgemein verbreitete soziale Rezeption solcher Motive – die Kollektivdimension des Symbols – darf auch nicht unterschätzt werden. Man vertraute so sehr dem Allgemeinen, Universalen, daß die Erwartungen an eine durch die Tradition sanktionierte Anschauung stärker waren als heute. Sicher, die Starrheit eines Bildes oder Satzes begann sich zu lockern, sobald die Seele von ihm aktiviert wurde. Dann wurde das Kollektiv-Symbol individuell erlebt. Bilder fingen an, »aus dem Rahmen zu treten« und zu sprechen. Solche »Wunder« ereigneten sich besonders häufig in der russischen und griechischen Orthodoxie, die ja den heiligen Bildern, den Ikonen, eine besondere Bedeutung zur Weckung, Heilung und Ganzmachung des einzelnen zuschreibt. Auch zu Franz von Assisi und anderen katholischen Heiligen sprach Jesus auf individuelle Art aus einem Bild. Doch der auslösende Impuls kam dabei ebenfalls aus dem in seiner Bedeutung und Wirksamkeit unangefochtenen kollektiven Sinn des Bildes. Die Bekenntnisse des Augustinus bilden einen einzigen Dialog mit dem aus Schrift und Tradition sich manifestierenden Gott. Gerade dieser Dialog – eine einzige Spiegel-Kommunikation mit dem »Gott Abrahams, Isaaks, Jakobs und Jesu Christi« (Blaise Pascal), das heißt mit einem überlieferten Gottesbild – führte ihn zu individuellen Selbsteinsichten.

Seit der Renaissance nahm die aktivierende Wirkung allgemeiner Sätze und Bilder ab, und im gleichen Maße belebte sich im einzelnen das Unbewußte und produzierte ähnliche, aber auch neue Anschauungen. Jung verdeutlichte diesen Prozeß an der alchemistischen Symbolik, die zum Teil in Gegensatz zur kirchlichen Symbolik trat. Nicht daß die tradierten kollektiven Symbole – der Kulturkanon – ganz verblaßt wären. Aber auch sie wurden immer individueller vom menschlichen Subjekt her erlebt und gedeutet, während dieses früher sein Zentrum außen: im offenbarten Gottesbild, dem Glaubenskanon, der Ikonographie sah. Während vordem subjektive Erlebnisse ihre Bedeutung und Wahrheit durch die Übereinstimmung mit objektiven Glaubensinhalten bekamen und von diesen her legitimiert und gefördert wurden, wurden und werden noch heute vermehrt objektive Glaubensinhalte von analogen subjektiven Erfahrungen her gedeutet und beurteilt. Früher mußte der einzelne für das Partikuläre kämpfen, heute die »katholische«, das heißt »allgemeine« Kirche für das Universale.

Während bis zur Renaissance eher der einzelne in seinem Leben das Allgemeine exemplifizierte, amplifiziert heute das Allgemeine Einzelerfahrungen: Diese sind ins Zentrum der Aufmerksamkeit gerückt. Selbst das Kollektiv-Symbol wird zunächst individuell erlebt. Nur wenn Kirche und Theologie den Schatz der überlieferten Anschauungen in den Dienst des Individuums in der säkularisierten Gesellschaft stellen, greifen diese noch ins Leben ein. Nur hier können die religiösen Lebens- und Verhaltensmuster – Verdichtungen unzähliger Einzelerfahrungen – nach wie vor befruchtende Wirkungen zeigen, nur hier kann das christliche Gottesbild *Gottes*bild bleiben und werden, das heißt ein Bild, das unser Selbst ergreift und auf den Weg treibt.

Ich erwähne diese Entwicklung, weil sie zum Verständnis der Ausgangslage einer analytisch orientierten Psychotherapie von höchster Wichtigkeit ist. Einerseits weil diese auf das »Amplifikationsmaterial« von seiten der christlichen Kollektivbilder angewiesen ist, das heißt, weil das individuelle Symbol die kollektive Verstärkung und Verdeutlichung unbedingt braucht. Andererseits weil im Rahmen einer Analyse heute die individuellen Traumsymbole die gleiche überragende Bedeutung für die Selbstverwirklichung des einzelnen haben wie früher die durch Bibel, Tradition und Lehramt kanonisierten Anschauungen. Menschen, die zu Beginn ihrer Therapie meinen, *alle* Glaubensinhalte hätten für sie nach wie vor lebensfördernde Bedeutung, müssen oft nach einer gewissen Zeit feststellen, daß einige zum Teil zwanghaften Charakter haben und Abwehrfunktionen gegen das individuelle, lebendige Symbol, wie es unter anderem in Träumen auftaucht, erfüllen, daß heißt gegen die Konkretisierung und Realisierung ihres eigenen Lebensmusters.

Es fehlt an der lebendigen Verbindung zu den Symbolschätzen der Religionen. Jung nennt diese »die ältesten therapeutischen Systeme der Menschheit«. Der religiöse Zwangsneurotiker hat keinen Zugang zu ihnen. Man findet oft bei nicht konfessionell gebundenen Menschen ein viel echteres und lebendigeres Gespür für Bilder und Aussagen der Religionen als bei kirchlich Gebundenen. Das traditionelle Gottesbild ist im offenen Vorraum der Kirchen oft wirkkräftiger als im geschlossenen Kirchenschiff.

Überlieferte Lebensmuster haben von nun an grundsätzlich keine größere oder geringere Bedeutung als individuelle, wie sie unter anderem in den Träumen und Traumserien auftauchen. Sie stehen im gleichen menschheitsgeschichtlichen Zusammenhang. Alle dienen sie der Spiegel-Kommunikation. Der einzelne kann sich in ihnen »wie in einem Spiegel« neu wahrnehmen: Das anziehende individuelle Bild, ob dieses sich uns im Gesicht eines geliebten Menschen offenbart oder in einem Traum, oder in einem Bild, das wir malen, oder in einem Wort, das in uns fällt, einem Film, der uns betrifft, hat insofern für den einzelnen besondere Bedeutung, als es im Gegensatz zum Kollektiv-Symbol die momentane Belebung eines bestimmten seelischen Inhalts, der gerade konstelliert, also zur bewußten Realisierung reif ist, anzeigt. Das individuelle Symbol ist ganz auf den bevorstehenden Individuationsschritt bezogen. Seine »Wahrheit ist konkret« (D. Sölle). Die Verlagerung vom kodifizierten zum spontanen Symbol bietet nebst unleugbaren Risiken eine ungeheure Chance für das Individuum. Die *Individuation* ist nicht mehr einfach von dem, was ich als *»Sakralsozialisation«* bezeichne, vorherbestimmt. Sie verdient vielleicht erst jetzt richtig ihren Namen, weil sie nicht mehr mit vorgegebenen sakramentalen Stufen identisch ist, die jeder zu erklimmen hat. Die Traumanalyse ermöglicht die Kenntnis der individuellen Symbolverknüpfungen und -reihen, also des dynamischen Grundmusters eines Individuums. Dadurch wird die Chance zur Individuation größer.

Trotzdem ist heute Individuation nicht leichter als früher. Nie zuvor war der soziale Gegendruck zur Individuation so stark wie heute. Die Ursachen können hier nur durch Schlagwörter wie Kollektivierung, Technisierung, Nivellierung angedeutet werden. Wo ein Gift wirkt, entsteht ein Gegengift. Die in der Spiegel-Kommunikation – in einer vom Selbst her gesteuerten Beziehung – bewußt angestrebte Individuation ist das Gegengift zum Gift der seelischen Kollektivierung.

In diesem Prozeß kann die *Beziehung zwischen dem Analysanden und Analytiker* eine wichtige Rolle spielen. Ich erwähne dafür zwei Gründe. Erstens hat in unserer Zeit das »Soziale«, die Gesellschaft, der Staat, die großen Anliegen der Menschheit, in einem gefährlichen Maße an Anziehung verloren. Die Sozietät ist kein Mythos, kein anerkanntes Kollektiv-Symbol mehr, das die Libido anzieht und auf geschichtliche Verwirklichung drängt. Zu viele Versuche der jüngeren Vergangenheit, den Mythos der »Gesellschaft« in menschenwürdige Theorie und Praxis umzusetzen, haben zu tragischen Katastrophen geführt. Der europäische und nordamerikanische Mensch hat sich gegenüber dem Mythos des Sozialen gefühllos gemacht; er läßt sich nicht mehr von ihm ergreifen, sondern wehrt die numinose Erfahrung im Sozialen ab. Nach so viel mörderischen Desillusionierungen hat er einen automatischen Rückzugreflex entwickelt, sobald ihn der Mythos des Sozialen anrührt.

Wohin nun ist die Libido geflossen, die diesen vordem genährt hat? Zunächst in die *erotische Zweierbeziehung*, die dadurch unverhältnismäßig überbesetzt wurde, was nicht nur zu »Szenen einer Ehe« (nach dem gleichnamigen Film Bergmanns), sondern zu Dramen ungezählter Ehen geführt hat und führt. Dann in die *»Gruppe«*, wo der Mythos des Sozialen noch am ungezwungensten knistert. Wörter wie »Kerngruppen«, »Spontangruppen«, »soziale Zellen« und allgemeiner »Gemeinschaften« haben einen magischen Klang bekommen, was jeweils die Belebung eines Archetyps am »Ort des Knisterns« anzeigt. Schließlich – und darauf will ich hinaus – in die analytische Beziehung, die zwar nur ein geringer Prozentsatz der Bevölkerung aus eigener Erfahrung kennt, die in der Gesellschaft nach und nach jedoch zu einem neuen Beziehungsmodell wird, wie das wachsende Interesse für Filme, welche die analytische Beziehung darstellen, zum Beispiel für den amerikanischen Spielfilm ›Ordinary people‹, belegt. Von ihr aus kann sich eine nicht nur für den einzelnen, sondern auch für die Gesellschaft fruchtbare Umkehrung der heutigen Tabuisierung des Sozialen anbahnen. Durch eine gelungene Analyse nämlich lernt der einzelne in einer zentralen, das heißt von seinem Selbst her gesteuerten Weise mit der Umwelt zu kommunizieren.

Ich meine mit der analytischen Beziehung nicht die *Übertragung* im ursprünglichen Sinne der Psychoanalyse, nämlich als »die Bezeichnung für die Störung der Realbeziehung zwischen Analytiker und Patient durch Beiträge aus dem vergangenen Phantasie- und Liebesleben des letzteren und für die technische Verwendung dieses Vorganges zur Aufhellung der Vergangenheit«[40]. Die Bearbeitung der Übertragung in diesem psychoanalytischen Sinn ist zwar unverzichtbare Aufgabe jeder analytischen Psychotherapie, aber bloße Voraussetzung zu jener Beziehung zum Analytiker, die ich als die letztlich heilende ansehe. Diese wurde bisher in der psychotherapeutischen und analytischen Literatur noch kaum beleuchtet. Das Ziel der analytischen Beziehung ist nicht mehr, den Analytiker als Projektionsträger der Elternbilder bewußt zu machen, um die unbewußte Identifizierung mit diesen aufzulösen. Hinter und unter den übertragenen Elternbildern verbirgt sich die reale Wahrnehmung des Analytikers als eines Du, das den Analysanden als Symbolfigur von dessen Selbst zu einem gerade konstellierten Individuationsschritt anzuregen und zu motivieren vermag. Ich schrieb: als *Symbolfigur* des Selbst. Der Analytiker darf kein vollkommener Guru sein wollen. Diese Inflation des Therapeuten würde den Patienten wieder in jene kindliche Abhängigkeit führen, der die Tiefenpsychologie unter anderem dank der psychoanalytischen Religionskritik entronnen ist. – Der Analysand trifft unter den Persönlichkeitsfaktoren des Analytikers eine individuelle Auswahl und verabsolutiert diese für eine gewisse Zeit. Die Aussage, der Analytiker sei Spiegelbild des Selbst des Analysanden, muß also nicht einmal bedeuten, daß der erste in seinem Individuationsprozeß weiter fortgeschritten ist als der zweite. Ein Vergleich im zentralen Sektor der Selbstwerdung ist ohnehin unmöglich. Außerdem stammt die Kraft zur Symbolisierung des Analytikers vom Analysanden selber. Erst die Symbolisierung macht den ersten zum wirkkräftigen Spiegelbild des zweiten. Der Analytiker hat also keinen Grund, sich auf seine Spiegelbild-Funktion etwas einzubilden.

Durch die konzentrierte und innerliche Verbindung mit dem Unbewußten seines Analysanden belebt der Analytiker in sich eben jenen Persönlichkeitsaspekt oder Charakterzug, den zu realisieren für den Analysanden gerade wichtig ist. Er übernimmt also jene Funktion, die früher – jedoch ohne Bezogenheit auf den einzelnen – vom tradierten Gottesbild erfüllt wurde. Dabei hat er sich stets bewußt zu bleiben, daß das Gottesbild, das er für den Analysanden spiegelt, nicht er selber als Individuum ist, sondern ein in beiden konstelliertes »objektives«, das heißt dynamisch gegenüberstehendes Bild. Eine Inflation des Analytikers durch das den Analysanden ansprechende Gottesbild würde an Stelle der Spiegel-Kommunikation die verhängnisvolle Beziehung zwischen einem Übermächtigen und einem Entmachteten zur Folge haben. Letzterer würde sich im »falschen Selbst« seines Gegenübers verlieren.

Zwei Autoren trugen in hohem Maße zum Verständnis der Spiegel-Kommunikation in der analytischen Beziehung bei: Carl Gustav Jung unter anderem in bezug auf deren Ziel, nämlich die Konstellation des Selbst im Analysanden, und Martin Buber, was den Beziehungsaspekt betrifft. Jung beschreibt das Selbst ausführlich in seinem Persönlichkeitscharakter, das heißt in jenem Aspekt, der eine dialogische Beziehung zu ihm ermöglicht. Das Selbst als Persönlichkeit ist ein dynamischer Faktor, denn es wird vom Ich als Zielgerichtetheit auf die Verwirklichung des Individuationsmusters hin erfahren. Jung bezeichnet es als »umfangreichere Persönlichkeit«[41] oder »true personality«[42], als »apriorisches Vorhandensein der Ganzheitspotentialität«[43] und »Ziel des Individuationsprozesses«[44]. Das Selbst kann außerdem durch eine menschliche Figur dargestellt sein, die gerade so viel »Entwicklungsdistanz« vom bewußten Ich hat, daß dieses sich in ihr als Spiegelbild erkennen kann. Letzterer Aspekt des Selbst ist im Rahmen dieser Arbeit der bedeutsamste.

Die in diesem Zusammenhang treffendste Definition des Selbst übernimmt Jung aus dem hinduistischen Pali-Kanon: »Tat tvam asi« – »das bist du«. Ohne die *Selbst-Einsicht ins Du*, sei dieses ein menschlicher Partner, ein überliefertes Gottesbild, ein aus uns herausgestellter Traum oder eine packende Idee, gibt es keine Selbst-Wahrnehmung. Wenn die Welt mir ein Fremdes und Gleichgültiges ist, mangelt es ihr am Symbolcharakter, der allein sie mir zum Du werden lassen könnte. Denn es gibt nichts, das ohne Bezug auf das menschliche Subjekt »einfach ein Symbol« wäre. Zwar gibt es Menschen und Dinge, die sich besonders zu Symbolträgern eignen; aber auch diese sind »nicht einfach Symbole«. Symbol als »der bestmögliche Ausdruck eines noch Unbekannten«, wie Jung schreibt, setzt ein Subjekt voraus, dem sich der Ausdruck »eindrückt«. Es gibt nichts auf der Welt, das nicht Symbol sein könnte. Doch gibt es ebenso nichts auf der Welt, das für ein bestimmtes Individuum jetzt Symbol sein *muß*. Zwar gelten in der Individuation typische Symbolreihen, die allen Individuen gemeinsam sind; weshalb denn auch die Amplifikation des individuellen Symbols durch Mythen, Märchen, religiöse Anschauungen ein wertvolles Arbeitsinstrument der analytischen Psychotherapie ist.

Aber auch typische Symbolreihen dürfen nur in ihrer momentanen Wirkung auf den Analysanden betrachtet werden. Dieser kommt auf seinem Individuationsweg keinen Schritt vorwärts, wenn er emotional außerhalb seiner Beziehung zum Analytiker steht und zum symbolischen »Material«, das er in die Sitzungen bringt, Privatstunden in Symbolgeschichte bekommt.

Erzählt der Analysand dem Analytiker einen Traum, darf dieser ihn nicht »objektiv« als einen Ausschnitt aus dem »Objektiv Psychischen« begutachten. Der Traum ist eine Mitteilung an ihn. Er selber, der Analytiker, beginnt in dem Augenblick, da der Analysand ihm den Traum mitteilt, für diesen ein Spiegelbild des im Traum gestalteten Selbst-Musters zu sein. In den Augen des Analysanden enthält der Analytiker als Spiegelbild all jene Eigenschaften, die durch die Erinnerung des Traumes in ihm angefangen haben, ans Tageslicht zu treten. Das soll nicht heißen, daß jeder Traum ausdrücklich auf die analytische Beziehung hin interpretiert werden muß. Der Analytiker muß sich einfach bewußt bleiben, daß sein Gegenüber jetzt in ihm selber als Spiegelbild die durch den Traum belebte bisher unbewußte zentrale Persönlichkeit wahrnimmt. Er ist nicht als Individuum, jedoch als Symbolfigur in diesem Augenblick an-sprechendes Gottesbild des Analysanden.

Niemand gibt so unmißverständliche Auskunft über den Beziehungscharakter der analytischen Beziehung wie der Philosoph Martin Buber. Zwar erhalten wir von ihm keine Auskünfte darüber, wie der Analysand in Spiegel-Kommunikation mit einem in der Person des Analytikers dargestellten Traumsymbol zu treten hat. Aber kein anderer Autor beschreibt so klar, wie die Mitteilung eines Du zur Wahrnehmung eines bisher noch unbekannten Aspekts des Selbst führen kann. Seine Unterscheidung zwischen Ich und Du betont ohne Einschränkung den dialogischen Charakter der Selbst-Wahrnehmung. Das Du löst sich nicht in der Mitteilung auf. Immer bleibt ein nicht mitteilbarer Rest, aus dem schließlich eine neue Mitteilung erfolgt. Weil das Du mir gegenübersteht, kann ich mich in ihm wahrnehmen. So ist auch die Beziehung zwischen Analytiker und Analysand eine reale Beziehung, kein Spiegelgefecht zum bloßen Schein. Nichts fördert den Analysanden wirklich, als das, was der Analytiker wirklich ist. Das sokratische »gnothi s'auton« – erkenne dich selbst – kann sich nur im Spiegelbild ereignen, das mir sagt: »tat tvam asi« – »das bist du«.

Martin Buber schreibt in seinem Werk ›Ich und Du‹: »Was der Ekstatiker Einung nennt, das ist die verzückende Dynamik der Beziehung.«[45] Die mittelalterlichen Mystiker hätten diesem Satz wohl beigestimmt. Die intensivsten Erfahrungen der Einung werden als aufgeladenes Beziehungsfeld zwischen einem göttlichen und einem menschlichen Pol geschildert. Zwar ist die Welt – wie Erich Neumann treffend sagt – eine Einheitswirklichkeit, in der Inneres und Äußeres koinzidieren. Aber die »Synthese der Persönlichkeit« in der Individuation kann nur erfolgen, wenn ich jederzeit zur äußeren Weltwirklichkeit – und dazu zähle ich wie erwähnt auch die aus mir durch die Erinnerung bewußt herausgestellten Träume und Phantasien – in einem eigentümlichen Spannungsverhältnis stehe, das die Spiegel-Kommunikation mit ihr ermöglicht. Einerseits darf ich dem mich Faszinierenden nicht so nahe treten, daß die Spannung durch Kurzschluß zusammenbricht und der Dialog der Verschmelzung und Identifizierung weicht, und andererseits darf ich auch nicht neben meinem Erlebnis abseits stehen, wodurch die Spannung verringert wird. Ich bezeichne dieses eigentümliche Spannungsverhältnis als *optimale Spiegelungsdistanz.*

Im Laufe einer Analyse tauchen manchmal Träume auf, in denen sich die Beziehung zum Analytiker von einer regressiven Übertragung zu einer progressiven Spiegel-Kommunikation wandelt. Dazu ein Beispiel, welches das in diesem Kapitel Beschriebene noch einmal veranschaulichen soll.

Eine Analysandin mit lesbischen Neigungen träumte: »Ich komme zu Ihnen in die Analyse. Aber an der Tür Ihrer Praxis klebt ein Zettel, aus dem zu ersehen ist, daß Sie zum Zahnarzt mußten, um sich einen eitrigen Zahn ziehen zu lassen. Ich dachte: ›Gut, daß ihm dieser Zahn endlich gezogen wird.‹ Dann stand ich auf einer großen grünen Wiese. Aus der Ferne sah ich viele schwarze Punkte bedrohlich näherkommen. Ich wußte, daß dies für mich gefährliche Männer waren. Als sie näherkamen, staunte ich, daß sie mich gar nicht beachteten, sondern ganz ungezwungen an mir vorbeigingen. Meine Angst verflog.

Ein Mann, der Ihnen glich, löste sich aus der Gruppe, kam lächelnd auf mich zu und fragte mich, ob ich mit ihm auf ein Fest komme. Darauf erwachte ich.«

Es war nicht das erste Mal, daß die Träumerin solche Kastrierungsphantasien in bezug auf mich und andere Männer hatte. Nur von kleinen drei- bis vierjährigen Buben konnte sie ohne destruktive Gefühle träumen. In diesem Alter nämlich fand sie selber noch leicht den Zugang zu Buben. Durch Lebensumstände, die ich hier übergehen muß, geriet sie in eine wachsende Abwehr gegen den Mann. Die »identifikatorische Aneignung« des Penis äußerte sich in vielen Träumen, auch in solchen, wo sie sich autark hermaphroditisch träumte, indem sie zum Beispiel »ihren« Penis in den Mund nahm und »sich« so befriedigte. Im ersten Teil des Traumes träumte sie also vom Analytiker, wie schon oft in einer negativen ödipalen Übertragung.

Doch ein zweites Traummuster meldete sich zum ersten Mal seit Beginn ihrer Analyse vor einem Jahr im gleichen Traum. Der Ort, eine grüne Wiese, deutet an, daß neues Leben in der Träumerin zu sprießen beginnt. Es ist eine weite Wiese, auf der man nicht so leicht den Überblick verliert. Zunächst kommen anonyme »Männer« als schwarze Punkte und ohne Gesichter auf sie zu. Ihre Anonymität, das heißt die mangelnde Beziehung der Träumenden zu ihnen, macht sie so bedrohlich. In einem früheren Traum nahm die Analysandin in einer ähnlichen Situation ein Gewehr und begann zu schießen: die phallische Abwehr innerhalb des neurotischen Zirkelschlusses. In diesem Traum jedoch hält sie das Näherkommen der Männer aus: Standhalten als erste Voraussetzung für eine mögliche kommende Beziehung. Daher kann jetzt eine Figur aus ihrem Unbewußten, die sie sogleich mit mir assoziierte, die Initiative ergreifen. Der Mann lädt sie zu einem Fest ein, das heißt zu einer Beziehung, die festlichen, spielerischen Charakter hat. Neue Schicksalskombinationen im Verhältnis zum Mann bereiten sich vor.

In der Beziehung zum Analytiker wurde die Analysandin nun nach und nach fähig, der Einladung zum Fest, das heißt zur gemeinsamen Spiegel-Kommunikation zu folgen. Das Traumbild war der erste Eindruck einer lebendigen, nicht durch ödipale Ängste verstellten Wahrnehmung der analytischen Beziehung. Jetzt begann die Wandlung der regressiven Übertragung in eine progressive Spiegel-Kommunikation.

Eine solche Wandlung ist vom tiefenpsychologischen Standpunkt aus identisch mit einer religiösen Wandlung. Das neue Bild des Mannes, das die junge Frau im Analytiker als Symbolfigur wahrnimmt, ist für sie so sehr numinos besetzt, daß es als Gottesbild zu bezeichnen ist: als jenes Bild, aus dem ihr Selbst in zentralster Weise angesprochen wird. Wir können diesen Vorgang in teilweiser paulinischer Terminologie so formulieren: Der »alte Mensch«, unfreies Opfer von ihm fremden Gesetzen, das heißt zwanghaft gebunden in der engen Welt einer neurotischen Abwehr, wandelt sich in einen »neuen Menschen« dank der Verbindung zum »Gott des Lebens«, der Geist und nicht Buchstabe ist.

Für die Spiegel-Kommunikation braucht es – wie im besprochenen Traum – einen festlichen Spiel-Raum, denn sie nährt sich, wie Buber schreibt, »von unreguliertem Überschuß, – von Freiheit«[46]. Nur wenn Energie von der Anangké, den alltäglichen Lebenszwängen, ausgespart bleibt, kann die Phantasie eines »neuen Menschen«, der zentralen Persönlichkeit, aus uns treten und vielleicht auf dem Gesicht eines Freundes oder eines Fremden für uns wahrnehmbare Züge annehmen. Wer sich zu einer analytischen Psychotherapie entschließt, schafft sich durch die festen Rahmenbedingungen, zum Beispiel zwei Wochenstunden, einen solchen Spiel-Raum. »Das Spiel ist der Jubel des Möglichen.«[47] Jetzt kann »das Zwischenmenschliche ... das sonst Unerschlossene erschließen«[48]. Die »Vergegenwärtigung« des Partners[49] in der Spiegel-Kommunikation ist das Gegenteil eines Verhältnisses, das auf Unterdrückung und Unterwerfung beruht: eines Raubtierverhältnisses, in dem keine Beziehung entstehen kann: »Raubtiere haben keine Geschichte ... durch Rauben bekommt man keine Geschichte.«[50] Den Raubtiermenschen fehlt es an Erfahrung des Selbst im Du. Wenn sie Abhängige sind, steht das Du (das in diesem Falle kein echtes ist) an Stelle des Selbst. So sagte Göring von sich: »Ich habe kein Gewissen, mein Gewissen heißt Adolf Hitler.«

In der Spiegel-Kommunikation jedoch *weckt ein Du das Selbst.* Blaise Pascal läßt Gott sagen: »Du würdest mich nicht suchen, wenn du mich nicht gefunden hättest.« – »Gott suchen«, das heißt um die innere Verbindung zum jetzt konstellierten Gottesbild ringen, setzt »Gott gefunden haben« voraus. Das Gottesbild »wirkt« in der menschlichen Psyche, weil diese auf die Belebung durch jenes seit jeher angelegt ist.

6. Glauben und Innewerden

»Gott wird Gott, wenn die Geschöpfe Gott sagen.«[51] – Was Meister Eckart mit »Gott sagen« meint, kann in unserer Zeit immer weniger mit »das Wort Gott sagen« gleichgesetzt werden. Das Wort Gott kann gottlos, ohne lebendige Verbindung zu einem ins Selbst hineinrufenden Du, ausgesprochen werden. Dann wird Gott nicht Gott, und der Mensch bleibt in seinem alten Ich isoliert. Doch können andere, sogenannte profane Worte gotterfüllt gesagt werden, das heißt mit einer zentralen Betroffenheit. Jetzt kann Gott Gott werden, wenn der Mensch sich vom starken Wort, das er ausgesprochen hat, ansprechen läßt. Sowenig das Gottesbild an ein durch Tradition und Verbreitung sanktioniertes Bild Gottes gebunden ist, sowenig läßt sich das Gotteswort an das Wort Gott binden. Daran gilt es sich zu erinnern, wenn über das Verhältnis von Glauben und Innewerden nachgedacht wird. Wegen der Veräußerlichung des Wortes Gott und des Bildes Gottes in sogenannten Glaubensinhalten ist es wie zur Zeit Eckarts notwendig geworden, wieder mehr nach einem Gotteswort und Gottesbild zu suchen, das uns unabhängig von kanonisierten Wörtern und Bildern im Inneren bewegt und wandelt. Die zentrale, vom Selbst her geforderte und gesteuerte Du-Beziehung tut not und das Innewerden des Du im Selbst.

Deshalb beginne ich dieses Kapitel mit einer vom unmittelbaren Erlebnis her geprägten Analyse des *Innewerdens* dessen, was ich allgemein Gottesbild nenne. Aus der Kraft dieses Innewerdens wird es dann möglich sein, zu einer Auffassung des Glaubens vorzustoßen, die nichts mehr mit dem bloßen Fürwahrhalten dogmatisierter Inhalte zu tun hat und, wie ich zum Schluß erläutern werde, auch nicht mit dem psychoanalytischen Begriff *Verinnerlichung* gleichzusetzen ist.

Um den Prozeß des Innewerdens zu begreifen, versetzen wir uns in eine Situation, in der wir durch die Begegnung mit einem Menschen, dem Satz eines Dichters, einem Musikstück, einer Landschaft, einem Mythos so sehr erschüttert worden sind, daß unser Ich wie »außer Rand und Band« geriet und in einer Mischung von Schrecken und Entzücken von seiner eigenen Vernichtung bedroht war. Solche Erfahrungen ereignen sich nicht oft in einem Menschenleben. Doch gibt es kein wirkliches Menschenleben, dem sie ganz fremd sind. Es sind Erfahrungen dessen, was ich tiefenpsychologisch Gottesbild nenne.

Die erste Reaktion gleicht einer Notwehr. Das Ich, sofern es kein Border-line-Ich ist und auf der gefährlichen Grenze zur psychotischen Überwältigung aktionsunfähig wird, tut zuerst einen heftigen Schritt zurück, wie im Museum der Besucher, wenn vor seinen Augen unerwartet ein Bild auftaucht, das ihn gleichsam anspringt, ihm die Sinne trübt, ihn zurücktaumeln läßt. Mit seinem Zurücktreten will er zur instinktiven Macht des Erlebnisses, zu dem, was ihm plötzlich so nahe gekommen ist, ein Gegengewicht schaffen. Anziehung und Schrecken nehmen etwas ab. Das Ich hat sogar die Kühnheit, neugierig zu werden. Zwischen ihm und dem neuen Gottesbild ist ein Spielraum entstanden. Dieser wird genau begrenzt, und zwar entsprechend den momentanen Erfahrungen mit dem energetisch aufgeladenen Gegenüber. Weder will das Ich im neuen Feuer verbrennen noch dessen Wärme und Glanz missen.

Schon ist das Ich nicht mehr ganz in sich isoliert. Vielleicht faßt es jetzt den magischen Spielraum etwas enger und macht im Gegensatz zum ersten Rückzug einen Schritt auf den Energieträger zu. Es beginnt das dynamische Etwas zu umkreisen, zu beschnuppern. Es nimmt seinen Geruch, seine Instinktqualitäten in sich auf. Vertrauter geworden, weitet es die Augen und schaut genauer hin. Aus dem sich wellenden, atmenden »Magma« werden abwechselnd einzelne Farben und Formen sichtbar, die alsogleich wieder ineinander verschwimmen. Doch die Anziehung ist so stark, daß der Betrachter sich nicht entmutigen läßt und hartnäckig weiter hinschaut. Ja er vergißt sich selber immer mehr, so sehr ist er auf dieses Schauen, in diesem Schauen konzentriert. In seiner Ich-Vergessenheit nimmt er durch die eben noch gestaltlose glühende Masse ein Gesicht wahr. Nun erschrickt er zum zweiten Mal: der Schrekken in der Ankunft einer neuen Selbst-Wahrnehmung, und sogleich beginnt die Gestalt seines Gegenübers wieder in sich selbst zu ertrinken. Eigentlich habe ich nichts gesehen, redet er sich ein, nun nicht mehr im Du konzentriert. Doch noch während er sich dies einsagt, reißt ihn die Sehnsucht nach dem soeben Erfahrenen und Gesehenen aus der Mattigkeit. War er vorher ein Ergriffener, wird er jetzt zum Ergreifenden. Er spannt alle Kräfte auf das schon fast zu Asche zerfallene Etwas hin an. Entzücken, da unter seinem jetzt unnachgiebigen Blick dieses wieder zu glühen beginnt, rasch Gestalt annimmt: deutlicher als zuvor, und da dies Gesicht, sein Gesicht, ein neues, ihn anschaut und zu sprechen beginnt.

Aus der miterlebenden Schilderung des Innewerdens eines neuen Gottesbildes soll vor allem deutlich werden, daß die Versuchung, der Spiegel-Kommunikation auszuweichen und des neuen Selbst wieder verlustig zu gehen, in jedem Moment gegeben ist. Was geschieht, wenn wir den Dialog mit dem durch unser Hinschauen zum Du und zum Selbst gewordenen Gegenüber verfrüht abbrechen, wenn wir *vor* Anspannung aller Kräfte nachlassen und zum Beispiel die anziehende Gestalt Jesu emotional und geistig verlassen, bevor wir – in dem uns möglichen Maße – in ihr das Selbst wahrgenommen und wahrgemacht hätten? Wohin entschwindet der nicht integrierte Teil Jesu? In den Himmel oder in die Hölle, je nachdem, ob wir ihn durch Idealisierung oder Verteufelung von uns abschieben. Jetzt rückt die Frage nach dem »einfach so allgemein« existierenden Gott in unser Blickfeld, als Ersatz für die Spiegel-Kommunikation mit einem in unsere konkrete Situation hinein sprechenden und uns aus der Ich-Isolierung ins größere Selbst rufenden Gottesbild.

Der gottlose Gott, das heißt der Gott ohne dynamische Beziehung zum Menschen, wird aus Feigheit geschaffen: Man weicht dem Wirkgott in den Dinggott aus, dem energiegeladenen Gottesbild in ein zwanghaftes Konstrukt. Auch der Analytiker sieht sich manchmal mit dieser Feigheit konfrontiert. Neurotische Symptome stammen aus dem Ausweichen vor dem jetzt herausfordernden Gottesbild und somit vom verweigerten eigenen Maß an Selbstverwirklichung. Sie gleichen unbewußten stereotypen Handlungen wie ein An-den-Fingern-Zupfen oder Die-Nase-Reiben, die eine leichte Blockierung des seelischen Energiestroms auf Kosten eines zu realisierenden Bewegungsmusters anzeigen. Nur schafft das neurotische Symptom über diese harmlosen, manchmal vom geschwächten Ich momentan geforderten Äußerungen hinaus ein eigentliches Gegenmuster zum konstellierten Individuationsmuster. Es äfft dieses nach, um das Ich zu überlisten. Es übernimmt alle seine Elemente, außer der risikoreichen Individuationsdynamik. Deshalb ist es eine verführerische Falle.

Die Therapie einer Neurose besteht in der Umwandlung des die Entwicklung stauenden Symptoms in ein die Entwicklung aktivierendes Symbol, wie im 9. Kapitel näher zu zeigen sein wird. Das Ausweichen vor der lebendigen Spiegel-Kommunikation mit einem bestimmten Gottesbild kann sich auch in dessen übertriebener Rationalisierung und dem Festmachen seiner Einzelheiten äußern. Damit das Bild nicht zu einem uns in Frage stellenden *Gottes*bild werde, machen wir aus ihm das Bildnis eines Götzen. Statt eine uns betreffende Melodie in uns wirken zu lassen, bis immer realistischere Phantasien über ein Leben im Einklang mit ihr in uns wach werden, wehren wir die Emotion ab und weichen vielleicht in ein musiktheoretisches Gespräch aus, das zu früh kommt. Geht es um ein überliefertes Gottesbild, bemühen wir uns einseitig, diesem eine feste, unverrückbare Stellung in unserem Leben zu sichern, um uns ihm nicht stellen zu müssen.

Ein sicherer Weg, das Gespür für einen Dichter zu verlieren, ist, seine gesammelten Werke zu kaufen, sobald ein erstes Gedicht uns kurz angesprochen hat. Der ungeeignetste Weg, einen nahen Menschen an uns zu binden, ist, den gemeinsamen Alltag mit ihm »durchzustrukturieren«, bis kein Raum für Unvorhergesehenes mehr offenbleibt. Mit dem horror vacui, dem Grausen vor dem Leeren, das in der Schizophrenie am deutlichsten zutage tritt, aber in milderer Form wohl keinem Menschen ganz unbekannt ist, weicht die Psyche der zur Individuation unerläßlichen Spiegel-Kommunikation aus. Man stopft sein Leben voll, weil die Leere von Zwischenräumen nicht als Möglichkeit zur Spiegel-Kommunikation und Persönlichkeitswandlung, sondern als Bedrohung des Ich erlebt wird. Mancher katholische Theologe wehrt den horror vacui mit dem Griff zum Denziger, dem Buch der kirchlichen Lehrbestimmungen ab, in dem an manchen Stellen verzeichnete dogmatische Häresien mit spitzfindigen Formulierungen überspielt werden. Wenn der Theologe zu lange hineinschaut, erstarrt er wie Lots

Weib zur Salzsäule. Er läuft Gefahr, zum Zwangsneurotiker zu werden, dessen Existenz in Ritualen bis zur seelischen Immobilisierung erstarrt.

Heftigste und hartnäckigste Widerstände, denen der Analytiker in seiner Arbeit ausgesetzt ist, kommen oft aus der Abwehr der Spiegel-Kommunikation. Die bloße Analyse dieser Abwehr bringt keine Lösung. Nur wenn der Analytiker in seiner eigenen Persönlichkeit das durch den Analysanden abgewehrte neue Selbst wahrhaftig zum Ausdruck bringt, kann er hoffen, daß sein Gegenüber die Spiegel-Kommunikation eines Tages doch wagen wird. Auch sein tiefenpsychologisches Wissen schafft günstige Bedingungen für diese. Zum Beispiel gibt ihm das Studium von Traumserien konkrete Auskünfte, welcher neue seelische Inhalt in vorderster Front konstelliert ist – und abgewehrt wird.

Bisher war vom Innewerden eines Gottesbildes und dessen Abwehr die Rede. Was hat dies mit *Glauben* zu tun? Der holländische Theologe E. Schillebeeckx schreibt in seinem Buch ›Menschliche Erfahrung und Glaube an Jesus Christus‹, das Wort Gott sei nur dann sinnvoll, wenn es »tatsächlich als eine befreiende Antwort auf reale Lebensprobleme erfahren«[52] werde. Von daher sei »die Frage, ob der Glaube aus der Erfahrung kommt oder nicht vielmehr vom Hören, ein unechtes Dilemma«[53].

Der Unterschied zwischen Glauben und Innewerden kann folglich nicht daran liegen, daß sich der Glaube auf einen uns äußerlichen, nicht einfühlbaren theologischen Inhalt bezieht, das Innewerden jedoch auf das eigene erfahrbare Lebenspotential. Wir haben nicht auf der einen Seite einen Glauben, durch den wir all das für wahr halten, was »Gott« in einer unverständlichen, auf den hörenden Menschen unbezogenen Offenbarung zu glauben befohlen hat, und auf der anderen Seite die innere Wahrnehmung, das Innewerden, das nichts mit Gott, sondern »nur« mit dem menschlichen Selbst zu tun hat. Glauben und Innewerden sind im Gegenteil zwei Perspektiven des gleichen Vorgangs. Wenn wir sagen: *»Ich glaube«*, sprechen wir aus der Perspektive des Du, das uns in ein neues Selbst hineinruft. Brauchen wir dagegen das Wort *Innewerden*, sprechen wir von diesem neuen Selbst aus, das wahrzunehmen wir gerade im Begriff sind. Das paulinische Wort, wonach Glauben vom Hören kommt, bedeutet tiefenpsychologisch, daß das verborgene Eigene im Wort des Du offenbart wird. Das Du sagt gleichsam: Ich bin als dein Eigenes in dir, falls du in der Beziehung zu mir ausharrst: »Ich in dir und du in mir.« Glaube weist also auf das ansprechende Gottesbild und Innewerden auf das sich ansprechen lassende Ich in der Spiegel-Kommunikation. Glaube ist nie bloßes »Für-wahr-Halten«, sowenig Innewerden bloßes »Aus-sich-selber-heraus-wahr-Sein« bedeutet.

Glauben und Innewerden sind also *relationelle Begriffe:* Sie werden einzig durch die Beziehung, die sie zueinander haben, definiert. Glauben bedeutet die Dynamik vom Ich zum Du, dem geglaubt wird, Innewerden dagegen die Dynamik vom Du zum Ich, dem eine neue Selbsterfahrung zufällt. In der Spiegel-Kommunikation ergänzen sich Glauben und Innewerden als äußere und innere Wahrnehmung: äußere Wahrnehmung eines neuen symbolischen Spiegelbildes der zentralen Persönlichkeit, innere Wahrnehmung eben dieser zentralen Persönlichkeit dank der lebendigen Verbindung zum Spiegelbild.

Es ist daher falsch, den theologischen Begriff *Glaube* in die Nähe des psychoanalytischen Begriffs *Verinnerlichung* zu rükken, als wäre Glaube die Internalisierung eines Nicht-zu-mir-Passenden. Zwar ist kein Glaube ganz von *Internalisierungen* frei, aber er ist letztlich nicht von diesen her motiviert. Wenn ich einen Menschen liebe, nehme ich in ihm nicht nur zu mir passende Eigenschaften wahr, deren innezuwerden ich bestrebt bin, sondern zusätzlich verinnerliche ich einiges von ihm, was mir eigentlich fremd ist. Doch die treibende Kraft in der Beziehung kommt aus dem in mir durch den Partner belebten Selbst. Je länger ich in der Beziehung stehe, desto klarer kann ich zwischen dem konstanten zentral Verbindenden und dem vorübergehenden Beiläufigen unterscheiden. Ebenso wird in einer Traumserie im Gegensatz zu einem einzigen Traum das Selbst-Muster des Träumers in einer dynamischen Motivfolge eindeutiger erkennbar. Der Glaube zielt im Gegensatz zur bloßen Verinnerlichung auf das Innewerden im Selbst.

Trotzdem darf der psychoanalytische Begriff der Verinnerlichung nicht nur im Gegensatz zum Glauben und Innewerden gesehen werden. Verinnerlichungen sind gescheiterte Versuche zum Innewerden. Letzteres ist die Triebfeder der ersteren. Die Verinnerlichung des Über-Ich ist ein Versuch zur Selbst-Erfahrung, und manchmal setzt sie auch einen Anfang zu dieser, steht doch das Über-Ich nie ganz im Gegensatz zum Selbst. Vielleicht darf man sogar sagen, daß bei allen Verinnerlichungen des Über-Ich das Selbst die regulierende Instanz ist: Das Über-Ich wird in Kauf genommen, weil es einen – vielleicht sehr geringen – Selbst-Aspekt enthält. Zumindest müssen wir unsere Internalisierung auf Selbst-Aspekte hin prüfen. – Das Selbst ist einem Steuermann vergleichbar, der manchmal, um gefährliche Klippen und Strömungen zu vermeiden, große Umwege macht, so daß ein Beobachter dem Kurs des Schiffes über eine lange Strecke folgen muß, um die im ganzen angestrebte Richtung herauszufinden. Sogar wenn sich der Steuermann in einem Winkel von neunzig Grad von seinem Kurs entfernt, behält er das Ziel im Auge.

Verinnerlichungen des Über-Ich meinen letztlich das Innewerden im Selbst. Außer bloß mechanischen Fähigkeiten, die ohne große innerliche Beteiligung erlernt werden, gibt es keine Verinnerlichung, die nicht eigentlich aus Spiegel-Kommunikation mit der Außenwelt zum Ziele der Selbsterfahrung stammt. Damit ist allerdings nicht gesagt, wie nahe ein Menschenleben diesem Ziel kommt. Es geht mir einzig um die in der Internalisierung wirksame Psychodynamik.

Das gleiche gilt für eine religiöse Anschauung. Gerade wenn ich von ihr tief ergriffen bin, nehme ich viele »Äußerlichkeiten« in Kauf. Auch in der Kirche braucht es das, was die Franzosen »le surplus« nennen, das kleine Mehr, die unnütze Zugabe, den Schmuck, das Verlieren von Zeit, den kleinen Tick als Opfergabe an den gestürzten Gott der religiösen Zwangsneurose und als Schutz gegen die Hundertprozentigkeit. Der »péché mignon«, die kleine Sünde, soll seinen Opferstock behalten, damit wir von der »großen Sünde wider den Geist«, nämlich der Inflation, verschont bleiben.

Bei Dietrich Bonhoeffer lesen wir folgendes Gebet:

»Bin ich das wirklich, was andere von mir sagen?
Oder bin ich nur das, was ich selbst von mir weiß?
Was bin ich? Der oder jener? ...

Wer ich auch bin,
Du kennst mich, Dein bin ich, o Gott.«[54]

Letztlich beruht das Innewerden im Selbst auf dem Glauben an das Du, dem wir uns anvertrauen. In der lebensnotwendigen Bewegung des Ich auf das Du hin verliert die Frage der Unterscheidung zwischen Über-Ich und Selbst etwas von seiner Wichtigkeit.

Im ersten Teil werde ich die »Not der Theologie« zu analysieren versuchen, nämlich ihre Undurchlässigkeit für Symbole, für lebendige, starke Bilder aus der Weltwirklichkeit, die in der Psyche ein noch Unbewußtes ansprechen, und den daraus sich ergebenden Verlust einer Verbindung zum Unbewußten des modernen Menschen. Im zweiten Teil schildere ich vier Fallbeispiele für die Spiegel-Kommunikation mit kollektiven christlichen Inhalten, nämlich der Nächstenliebe, der biblischen Auffassung von Leben und Geist und schließlich dem Bild Gottes als eines Punktes.

Es ist »psychologisch verständlich, woher die geringe Prägungskraft der heutigen christlichen Verkündigung rührt: sie wendet sich so ausschließlich an das Bewußtsein, daß das Unbewußte nicht nur nicht erreicht, sondern überhaupt gar nicht erst angesprochen ist.«[55]

Wäre es nicht im Sinne dieser Feststellung des Zürcher Psychiaters und Tiefenpsychologen Helmut Barz Aufgabe der Theologie, besonders auf das in dieser Zeit konstellierte, also die Not des Menschen wendende Gottesbild zu achten und dessen Sinn für die Individuation des einzelnen zu begreifen? Nun ist die heutige Theologie in der Tat für Erleben und Integrierung des Gottesbildes weitgehend undurchlässig geworden. Die Gefühlswelt vieler Theologen ist oft unbewußt an die »Mutter Kirche« oder den »Vater biblischer Fundamentalismus« fixiert. Ihr Denken rotiert zum Ausgleich munter und aufgeschlossen. Im Gefühl erstarrte Theologen können ihrer eigentlichen Berufung, nämlich die lebendige Verbindung des Menschen zum Gottesbild und damit zum inneren Selbst zu fördern, wohl kaum nachkommen. An Stelle dessen regieren sie in den kirchlichen Ghettos, wo eben jene Gesetze gelten, die sie in ihrer Existenz verkörpern, so die Blindheit für aus der »profanen Welt« sich mitteilende Gottesbilder.

Es ist für diese Situation symptomatisch, daß sich theologische Fachliteratur fast nur in kirchlichen Buchhandlungen findet, im Gegensatz zur sonstigen geisteswissenschaftlichen, etwa psychologischen und soziologischen Fachliteratur, die in den meisten Buchhandlungen aufliegt.

Die Tiefenpsychologie sucht im Gegensatz zur heutigen Theologie in den verschiedensten Gebieten Hinweise auf jene starken Gottesbilder, die heute zum Selbst vieler Menschen sprechen, unter anderem in der Literatur, der Kunstgeschichte und der Philosophie.

Deshalb läßt das C. G. Jung-Institut in Zürich zum Studium der analytischen Psychologie auch solche Studenten zu, die einen akademischen Abschluß in einem anderen Fachgebiet als Psychologie nachweisen. Es fordert aber eine mehrjährige Berufspraxis in diesem Fachgebiet. Diese Regelung hat sich gut bewährt. Die Tiefenpsychologie bekommt dadurch aus den verschiedensten Bereichen Informationen und Einsichten, die für die therapeutische Arbeit nützlich sind: so aus Literatur, Soziologie, Ethnologie, Philosophie, Medizin – und auch der Theologie.

P. L. Berger hat schon vor zehn Jahren einen Appell an die Theologen gerichtet, der nur von wenigen befolgt wurde: »Ich fordere die Theologen auf, sich in der empirisch gegebenen Situation des Menschen nach etwas umzusehen, das man *Zeichen der Transzendenz* nennen könnte. Und ich behaupte, daß es *prototypisches Verhalten* gibt, Gebaren, Gebärden, Gesten, die als solche Zeichen anzusehen sind.«[56] Berger erwähnt das Zeremoniell der Hochzeit und die Gebärde der Magna Mater, die das ängstliche Kind beruhigende Mutter, als zwei Beispiele unter vielen für die »großen Gesten des Ordnens«[57].

Doch wo findet in den Kirchen die Einübung ins »konkrete Symboldenken«[58] statt, das der evangelische Theologe Jürgen Moltmann fordert? Wo nehmen wir »das Universale *im* Konkreten und das Eschatologische *im* Geschichtlichen«[59] wahr? Fragen und Forderungen der Theologie an sich selber werden oft und oft laut. Doch die Antworten gehen selten über die Fragen hinaus.

Ich wiederhole in diesem Zusammenhang, daß auch die Theologie nicht aus unserer Welt der Bilder und Worte treten kann. Dank dieser Einsicht würde ihre Verbindung zum konkreten Menschen grundsätzlich wieder hergestellt. Sie würde sich auf einmal Seite an Seite neben der Tiefenpsychologie befinden. Denn auch die numinosen Bilder, denen diese sich zuwendet: Träume, Phantasien, eindrucksvolle Begebenheiten im Wachbewußtsein, werden wie die kollektiven religiösen Bilder aus dem »Material« der äußeren Welt geformt.

Der Analysand geht im bewußten Erlebnisprozeß seiner Analyse in einer ähnlichen Weise von einem starken Bild zum anderen wie der orthodoxe Christ von einem Sakralbild zum anderen entlang der Ikonostase, der Bilderwand, die den Chor vom Kirchenschiff trennt. In der *Individuation* des einen spielt sich etwas Ähnliches wie in der *»Sakralsozialisation«* des anderen ab, falls auch der Gläubige aufmerksam den inneren Dialog mit den sich ihm darstellenden Bildern sucht. Wenn die Heiligenbilder für den Gläubigen zu sprechen beginnen, werden sie ebenso individuell und lebendig wie die Traumbilder. Und wenn andererseits der Analysand die Traumbilder in ihrer Bedeutung wahrnimmt, begegnet er auch den archetypischen Motivverknüpfungen, welche die »Sakralsozialisation« prägen.

Nachdem wir die Not der Theologie in ihrer Undurchlässigkeit für das Unbewußte des heutigen Menschen betrachtet haben, möchte ich nun zeigen, welche Hilfe die Tiefenpsychologie der Theologie in dieser Not zu geben vermag. Wie kann der heutige Mensch in lebendige Spiegel-Kommunikation mit dem christlichen Gottesbild treten? Ich gehe von vier Situationen aus, in denen ein Analysand von einem religiösen Bild zentral getroffen wurde.

Die erste Situation und ihre Entwicklung fasse ich in unstatthafter Kürze zusammen. Ein vierzigjähriger engagierter Christ kreist beharrlich mit seinem Denken und Fühlen um das Gebot der *Nächstenliebe.* Der Mangel an Integration dieses nicht nur christlichen, sondern schon jüdischen und auch im Bhakti-Yoga zentralen Gebotes tut sich in dessen intensivem Umkreisen kund. Es handelt sich also psychologisch gesehen um ein konstelliertes Gottesbild, das ihn an-sprechen will. Ich frage: Wer ist Ihr Nächster? Nach einigem Nachdenken erwähnt er Menschen, die ihm besonders zuwider sind: Araber, Homosexuelle; andere, an die er mit Wut oder Aggression denkt: seine geschiedene Frau, ein früherer Sportsfreund. Durch meine Frage und mehr noch durch meine innere Haltung versuche ich meinem Gegenüber zu vermitteln, daß ich zur gleichen »Partei« wie der verfemte Nächste gehöre. Ich erlebe mich dabei wirklich in dessen Haut und versuche von ihm aus den Kontakt mit dem Analysanden aufzunehmen. Nach und nach beginnt die Spiegel-Kommunikation zwischen dem Analysanden und mir, der ich für ihn einen dunklen Selbst-Aspekt in einer neuen, nämlich emotional bejahenden Weise verkörpere. Dies führt bei meinem Gegenüber schließlich zum befreienden Innewerden eines neuen Selbst-Aspektes. Das Du, von dem er theoretisch aus der Bibel wußte, daß es sein Nächster war, wurde es wirklich, indem er es in sich selber wahrnahm. Wahrhaftige, lebendige Nächstenliebe ist nur möglich, wenn ich den unbewußten Nächsten in mir selber wahrzunehmen lerne. So wird das theologische Gebot unversehens auch zu einem Thema der Tiefenpsychologie.

Die Annahme des inneren Nächsten, dieses dunklen, verdrängten, doch zentralen Schattens, macht Christen deshalb so viel Mühe, weil sie im Gegensatz zu den fernöstlichen Religionen keine dunklen Gottesbilder haben, in denen sich spiegelnd sie die eigene Dunkelheit wahrnehmen könnten. Aber im Gegensatz zur Theologie kannte die christliche Mystik den schrecklichen Gott. Nikolaus von der Flüe berichtet von einer Vision, in der er Gott mit unbeschreiblich furchteinflößendem, bösem Antlitz sah. Keinem wirklichen Mystiker sind solche Erfahrungen fremd. Die Theologia spiritualis, ein an den katholischen theologischen Fakultäten eher vernachlässigtes Fach, ist die kurzatmige Tocher der Mystik. Sie entbehrt der kräftigen, völlig undogmatischen Gegensatzspannung, welche das Gottesbild kennzeichnet. In ihr ist kein Platz für den dunklen Gott. Zwar möchte sie Hilfen zur Verwirklichung christlichen Lebens geben, doch ist sie meist nichts anderes als eine mit etwas mehr Gefühl, doch weniger Scharfsinn betriebene Theologie. Die Spiritualität kann das Versprechen der Mystik nicht halten. Die Tiefenpsychologie dagegen will zur Spiegel-Kommunikation auch mit solchen christlichen Glaubensinhalten führen, die ein dunkles Gottesbild durchschimmern lassen. Dazu gehört das Gebot der Nächstenliebe. Der verachtete Nächste ist psychologisch gesehen ein dunkles Gottesbild.

Ein zweites Beispiel. Ein Analysand braucht auffällig oft die Wörter »lebendig« und »Lebendigkeit«, und jedes Mal in einer etwas drängenden Art, oder umgekehrt mit stockender Stimme. Als praktizierender evangelischer Christ hat er eine starke emotionale Beziehung zur Bibel. Eines Tages erzählt er, er habe am vergangenen Sonntag eine Radiopredigt gehört, in welcher der Pfarrer mehrmals den Heiligen Geist als Lebensquell bezeichnet habe. Das habe ihn sehr beeindruckt, und deshalb wolle er mir das mitteilen. Er wisse ja, daß die Mitteilung solcher starken Erlebnisse für die Analyse wichtig sei. Ich schlage ihm eine Aktive Imagination vor. Wir einigen uns auf das Bild einer Quelle, die aus großer Tiefe kommt. Der Analysand lehnt sich zurück, entspannt sich, schließt halb die Augen. Er betrachtet das Bild in sich. Nach einem Schweigen schildert er mit Unterbrechungen, was er sieht. Er beschreibt zunächst die Quelle und ihre Umgebung. Links von der Quelle liege ein Wald. Nach einer Pause begibt er sich zum Waldrand. Er bekommt es mit der Angst zu tun. Auf einmal ist er im Wald. Die Quelle ist verschwunden. Er steht vor der Brücke eines Wildbaches, der durch ein Waldtobel fließt. Er zögert, die Brücke zu überqueren. Jetzt versucht er es. Er schafft es bis zur Mitte. Dann geht es nicht mehr weiter. Er bleibt stehen. Er kehrt sich der anderen Seite des Baches zu. Dort sieht er ein Mädchen stehen, das ihm den Rücken zukehrt.

In dieser offenen Situation endet die Aktive Imagination abrupt. Der Analysand ist aus dem konzentrierten inneren Schauen herausgefallen, und er weiß, daß er dann aufzuhören hat. Nun tritt er mit dieser inneren Bilderfolge in Kontakt. Als Analytiker erlebe ich mich in jener Persönlichkeit, die es zum Mädchen hinzieht. Ich bin für den Analysanden das Spiegelbild dieser seiner neuen Persönlichkeit. So kann seine Auseinandersetzung mit der inneren Bilderfolge zur Spiegel-Kommunikation werden: In meiner Person nämlich beginnen diese Motive sich wiederum zu bewegen und ihn im lebendigen Dialog neu anzusprechen. Dabei verändern wir uns beide, ein typisches Merkmal jeder Spiegel-Kommunikation: Je mehr sich der Analysand von mir ansprechen läßt, desto deutlicher kann ich ihn ansprechen, das heißt, auch ich werde ständig von ihm angesprochen. Das ansprechende Gottesbild, das ich für ihn verkörpere, wandelt sich also gleichzeitig mit seiner neuen Selbstwahrnehmung.

Aus diesem Beispiel wird ersichtlich, daß es keine Spiegel-Kommunikation mit bloßen, von einem menschlichen Träger losgelösten Bildern gibt. Diese müssen in einem Gegenüber verkörpert erscheinen. Und nur mit diesem findet die Spiegel-Kommunikation statt. Ich erwähnte bereits, daß das Gottesbild sich gleichzeitig mit dem Individuum wandelt. Für die Spiegel-Kommunikation heißt dies nur eines: Der an-sprechende Träger des Gottesbildes wandelt sich gleichzeitig mit dem Angesprochenen. So werden beide sowohl zu »Ansprechenden« als auch zu »Angesprochenen«, zu Trägern des Gottesbildes wie auch zu einem neuen Selbst. Dies ist ein wichtiges Kennzeichen der Spiegel-Kommunikation.

Der Mann, der die Aktive Imagination unternahm, fand im Laufe der nun folgenden Spiegel-Kommunikation zum Gefühl einer bisher erst geahnten, aber noch nie realisierten Lebendigkeit. Nachdem er sich lange genug in dem Manne erlebt hatte, der mit dem Mädchen – der Gestalt seiner eigenen seelischen Lebendigkeit, seiner Anima, wie Jung sagte – eine Verbindung suchte, kehrte sich dieses, bildhaft gesprochen, ihm endlich zu, und er konnte die Brücke ganz überqueren, um im Jenseits seines bisherigen unlebendigen Ich durch die Vereinigung mit dem Weiblichen ein neues Selbst zu werden. Dies war die Voraussetzung dafür, daß sich endlich auch nach außen hin eine seelische Beziehung zur Frau anbahnte. Das christliche Bild des lebendigen Gottes wurde dank der Spiegel-Kommunikation zum Spiegelbild seines eigenen, ihm bisher nicht zur Verfügung stehenden lebendigen Selbst. Ein irrational faszinierendes Wort, das Wort Lebendigkeit, wandelte sich in integrierte Lebendigkeit.

Das dritte Beispiel betrifft einen etwa fünfzigjährigen Theologen. Er erwähnt in der Analyse wiederholt, die für ihn packendsten Szenen aus der Bibel hätten mit Wind, Atem, Geist zu tun (drei Bedeutungen des hebräischen Wortes ruach), vor allem die Beschreibung im Buche Genesis, wo Gott dem Menschen seinen Geist einhaucht, oder jene des Evangeliums, wo Jesus seinen Jüngern heiligen Geist einhaucht. Ich teile ihm gelegentlich mit, dies erinnere mich auch an die Meditationstechnik im taoistischen Buch ›Das Geheimnis der Goldenen Blüte‹. Hier gehe es darum, sich in den eigenen Atem zu versenken, indem man konzentriert nach innen hin auf ihn höre. Man vergesse dabei sein Ich und nehme den eigenen Atem wie etwas Zugesprochenes, Geschenktes, Eingehauchtes entgegen, wie dem ersten Menschen und Jesu Jüngern Geist eingehaucht wurde. Der Theologe versuchte sich nun in dieser Meditationsform, und wir besprachen, was ihm dabei widerfuhr. In diesem Gespräch erlebte ich mich selber im Bild des »vom Geist Beseelten«. Wir sprachen nicht *über* den Geist, sondern es war eine Spiegel-Kommunikation *im* Geist. Nach und nach wurde das Ich des Theologen durchlässiger. Eines Tages teilte er mir mit, er erfahre sich selber wie Maria, die heiligen Geist empfange. Nach einigen Wochen bemerkte er, er könne sich immer besser in die Psyche einer Frau versetzen. Davon profitiere auch seine eigene Frau.

Auch diese Spiegel-Kommunikation also führte zum Weiblichen, allerdings mit einer neuen wichtigen Nuance: Das Weibliche, mit dem er in seelische Berührung kam, bedeutete die *Empfänglichkeit* für Wind und Geist, das heißt für belebende äußere Impulse. Seine bisher verschlossene, geistig und religiös abgekapselte Persönlichkeit wurde im Weiblichen offen für die Befruchtung durch lebendige Zeichen. Die magische Anziehung für das Bild des eingehauchten Atems wich im Laufe der Spiegel-Kommunikation einem sich entwickelnden Sinn für das, was ihn aus der äußeren Welt anregte und im Selbst bewegte, unabhängig vom biblischen Kanon.

Die intensive Erfahrung eines Gottesbildes muß im richtigen Moment in die Spiegel-Kommunikation gelenkt werden. Das genießerische Verweilen in der Emotion über den Augenblick der stärksten Betroffenheit hinaus erschwert den aktiven Einstieg in die Spiegel-Kommunikation und erhöht das Risiko, sich in einer regressiven »Mystik« zu etablieren. Es ist für den Analytiker eine Frage der Intuition, in welchem Moment er zur Spiegel-Kommunikation einlädt. Dies darf auch nicht zu früh geschehen, bevor die auslösende Emotion ihre ganze Tiefe und Wucht erreicht hat. Sonst fehlt die Kraft, die Spiegel-Kommunikation mit dem noch zu schwach besetzten Bild zu Ende zu führen. Es gilt also zu vermeiden, sowohl daß der Analysand passiv in wertfreier Ergriffenheit verharrt, als auch daß er in Abwehr des Irrationalen und Emotionalen den Libidofluß vorzeitig umkehrt und in den Verstand lenkt.

Nun zum letzten Beispiel: Eine Frau gebraucht oft das Wort *»Punkt«*, indem sie etwas pedantisch die Stimme hebt und das Wort mit einer »pointierten« Handbewegung unterstreicht. »Ich denke so und nicht anders. Punctum!« Ich mache sie darauf aufmerksam mit einem humorvollen Unterton, der ihr zu verstehen gibt, daß ich diesem »Punkt« gegenüber wohlwollend eingestellt bin. Sie lacht und gebraucht das Wort Punkt von jetzt an absichtlich. Nach einigen Wochen kommt sie mit Dantes Göttlicher Komödie in die Sitzung und liest mir eine Stelle vor, wo von *Gott als unfaßlich kleinem Punkt* die Rede ist, umgeben von neun immer gewaltiger ausgreifenden Lichtkreisen der Engelchöre.[60] Als Romanistin ist sie zufällig auf diese Stelle gestoßen. Ich bin beeindruckt und versuche am Abend nach der Sitzung herauszufinden, wo dieses Symbol sonst noch vorkommt. Ich stoße auf Plotin und seine Darstellung Gottes als des Absolut-Einfachen im Symbol des Punktes sowie auf ein Dreifaltigkeitslied aus dem 13. Jahrhundert, wo ebenfalls von Gott als Punkt die Rede ist, dann auf den indischen Gott Schiwa, der als Schiwabindu, als »Punkt-Schiwa«, bezeichnet wird, und schließlich auf die Yantras, die psychischen Diagramme im Tantrismus, in denen der Punkt in der Mitte das Selbst als zentrale Energiequelle bedeutet. All dies teile ich der Analysandin mit Erklärungen in der nächsten Sitzung mit. Der Punkt beschäftigt sie nun nach diesen Amplifikationen noch stärker: Der menschheitsgeschichtliche Zusammenhang erhöht den Wert und damit die Libido-Besetzung des konstellierten Bildes. Sie verbindet den Punkt immer mehr mit der Idee »Konzentration auf das Wesentliche«. Ich achte folglich in all unseren Gesprächen darauf, daß wir uns »auf das Wesentliche konzentrieren«, und mache sie jedesmal aufmerksam, wenn sie abschweift, und dies geschieht oft, wie ich jetzt mit Erstaunen zur Kenntnis nehme. Die »Nachfolge des einen energiegeladenen Punktes« gab ihrem Leben schließlich eine deutlichere *Orientierung*.

Mit diesen vier Beispielen aus der analytischen Praxis wollte ich die Thematik dieses Kapitels veranschaulichen, nämlich die Möglichkeit einer fruchtbaren Verbindung zwischen jenen alten Zeichen, welche die Theologie aus dem Schatze ihres Wissens anbietet, und dem heutigen, auf lebendige Zeichen angewiesenen Menschen.

8. Wie in einem Spiegel
Eine alte Psychotherapie

Dieses Kapitel beleuchtet zunächst das Bild des Spiegels im Zusammenhang mit der narzißtischen Neurose. Dann wendet es sich der ersten mir bekannten ausführlichen Beschreibung einer Spiegel-Kommunikation zu, nämlich der des Apostels Paulus mit dem »Herrn«. Schließlich wird der dynamische Charakter der Spiegel-Kommunikation in einer Deutung des »Kampfes Jakobs mit dem Engel« hervorgehoben.

Das Bild des Spiegels gibt wohl dem einen oder anderen Leser zunächst die Sensation von Kälte, von glatter, abwehrender Reflexion, die das wirkliche Ein-sehen nicht zuläßt. Doch die Art und Weise, wie das Wort Spiegel auf uns wirkt, hat mit uns selber zu tun. Stehen wir etwa selber in Gefahr, unserer Tiefe und Mitte, dem Selbst, glatt, kalt und abweisend gegenüberzustehen? Das Wort Spiegel hat in der Kulturgeschichte immer beides ausgedrückt: die starre, spröde, reflektierende Fläche: die Krankheit am Selbst, den narzißtischen Menschen, der sein Gesicht wie zwischen gleißenden Spiegeln hin- und herwirft, ohne je in einen einzutreten – und im Gegensatz dazu jenen geheimnisvollen einladenden Spiegel, in dem man das wahrnimmt, was hinter dem eigenen Rücken, nämlich aus dem Unbewußten, auftaucht, den Spiegel, durch den man wie im Märchen schreiten kann und hinter dem eine neue, die eigene Welt aufblüht: den auf sein Gottesbild bezogenen und in diesem seiner selbst innewerdenden Menschen. Die Rezeption des Spiegel-Symbols hängt von der Einstellung des einzelnen ab. Es ist unübersehbar, daß die erste Rezeption in unserer Zeit überhandnimmt. Wir verlieren die Spiegelmächtigkeit und damit die Einsicht ins Selbst. Wo die Not groß ist, muß ein der Not verwandtes Not-Wendendes gefunden werden. Der narzißtische Mensch kann sich in der Spiegel-Kommunikation zu dem hin befreien, was er bisher vergeblich versucht hat durch Spiegelfechtereien herbeizubeschwören, nämlich zur Wahrnehmung seines Selbst im Du. Der Narzißmus verlangt nach der Spiegel-Kommunikation.

Der Ambivalenz des Spiegel-Symbols entsprechen die zwei gegensätzlichen Einstellungen unseres bewußten Ich zum Selbst: Abwehr mit Hilfe einer Glaswand oder Kommunikation mit einem Du. In Träumen treffen wir bei narzißtisch gestörten Menschen oft die gegen das Irrationale und Gefühl abschirmende Glaswand an, in Märchen dagegen öfters den Spiegel, der das Selbst offenbart. Der Spiegel ist das besondere Symbol für die Beziehung zum Selbst.

In den Märchen zeigt der *Zauberspiegel* nicht das Bild des in seinem Bewußtsein gefangenen Ich, sondern öffnet den Blick in die Tiefe des Selbst. Wer mit bejahender Leidenschaft, und nicht mit Neid wie die böse Königin im Märchen vom Schneewittchen, hineinschaut, erblickt darin sein Gegenbild, mit dem er Verbindung aufnehmen kann. Er versucht nicht wie die Königin dieses Gegenbild zu vernichten und läßt sich auch nicht wie Narziß in blumenhafte Unbewußtheit von ihm hinabziehen. Er hält es aus, vor seinem ihm gleichzeitig ähnlichen und fremden Spiegelbild zu stehen, und wagt es, mit ihm in Verbindung zu treten. »Der Mensch gebraucht den Menschen als Spiegel«[61], steht schon in den T'ang-Annalen. Das gilt auch für das Spiegel-Symbol im Traum: »Im Traum kann ein Spiegel die Fähigkeit des Unbewußten symbolisieren, das Individuum objektiv zu ›spiegeln‹, dem einzelnen damit eine Einsicht in sich selber zu geben, die es vielleicht nie zuvor gehabt hat.«[62] Wer es wagt, in den Spiegel der Djinn zu sehen, erschaut die ganze Wahrheit, behaupten viele türkische Märchen. Die »objektive« Spiegelung kann zunächst, wie in vielen Träumen und Märchen, eine peinliche Schattenseite aufdecken, aber hinter dem Schatten verbirgt sich das neue Selbst.

Es gibt kein anderes Symbol, das die Dynamik vom Ich zum Selbst so treffend ausdrückt wie der Spiegel. Alle anderen Symbole und Begriffe schaffen Verwirrung, so auch der Begriff *»Identifizierung«*. Mit folgendem Satz aus seinem beachtenswerten Jesus-Buch meint Schillebeeckx zwar vermutlich das Gleiche wie ich mit der Spiegel-Kommunikation: »Vielleicht wird man erst dann wirklich ›Person‹, wenn man nicht um die eigene Identität besorgt ist, sondern, sich selbst verlierend, sich mit dem anderen identifiziert.« Aber das ist eine mißverständliche Ausdrucksweise, die das zentrale Bedürfnis nach *gleichzei-*

tiger Identität und Beziehung, nach dem, was Buber das »Zwischen« nennt, nicht berücksichtigt. Die wahre *Identität* liegt in der Dynamik vom Ich zum Selbst und der Sinn jeder zwischenmenschlichen Beziehung für den einzelnen in der Realisierung eben dieser Dynamik. Die christliche Forderung des »Sich-selber-Verlierens« und des »Ablegens des alten Adam« ist nur dann eine ansprechende und anziehende Botschaft, wenn damit auch das »Sich-Finden« und der »neue Adam« nicht nur versprochen, sondern emotional erfahrbar werden. Nur die Spiegel-Kommunikation, die sich durch das Symbol des Spiegels definiert, verbindet das eine mit dem anderen. In ihr sind das sich verlierende Ich und das sich findende Selbst durch die Dynamik des einen Dialogs verbunden.

Es bedarf keiner besonderen Deutung, um den therapeutischen Nutzen des Spiegel-Symbols aufzuweisen. Bereits die wenigen, in der Einführung zu diesem Kapitel gegebenen Erklärungen haben ihn deutlich gemacht. So ist es denn nur natürlich, daß die Idee der Spiegel-Kommunikation, oft unter ausdrücklicher Berufung auf das Spiegel-Symbol, überall da auftaucht, wo es um eine »vom Selbst her gesteuerte Beziehung«, oder umgekehrt, um die Individuation dank einer zwischenmenschlichen Beziehung geht. Im sokratischen Dialog spiegelt der Lehrer mit seinen Fragen, die sich ans Unbewußte des Schülers richten, dessen Selbst. Das vom Zen-Meister ausgesprochene Koan-Rätsel spiegelt das durch konzentrierte Intuition erfaßbare Paradox des Selbst im Schüler.

Auch Paulus gebrauchte das Spiegel-Symbol, um das im Gottesbild offenbarte Selbst des Menschen auszudrücken. Im zweiten Brief an die Korinther (3,18) lesen wir: »Wir alle aber spiegeln mit enthülltem Angesicht die Herrlichkeit des Herrn und werden so in sein eigenes Bild verwandelt, von Herrlichkeit zu Herrlichkeit, durch den Geist des Herrn.« Ein deutlicherer Text über die Spiegel-Kommunikation des Gläubigen mit dem Herrn, dem neutestamentlichen Gottesbild, ist nicht vorstellbar. Der Leser möge allerdings einen kleinen Unterschied zu unserer bisherigen Beschreibung der Spiegel-Kommunikation beachten. Paulus schreibt, daß wir die Herrlichkeit des Herrn spiegeln: Das menschliche Subjekt ist der Spiegel, der Herr das durch uns gespiegelte Bild. In unserer bisherigen Perspektive jedoch müßte es heißen: »Die Herrlichkeit des Herrn spiegelt uns«, das heißt unser Selbst. Die paulinische Formulierung kommt aus der Sicht des Gottesbildes: Der Herr selber bietet sich uns an, damit wir sein Spiegelbild werden können. Unsere Formulierung dagegen entspricht der Sicht des menschlichen Subjekts: Wir sind die im Selbst Gespiegelten, und das Gottesbild ist unser Spiegelbild.

In der paulinischen Formulierung hat sich der Sprechende bereits gewandelt: zum Selbst. In unserer Formulierung dagegen ist der Sprechende das noch nicht gewandelte Ich. Beide Perspektiven sind nicht nur gerechtfertigt, sondern ergänzen sich. Die erste eignet sich eher für die Theologie, weil das Subjekt ihres Redens Gott ist, dem auf menschlicher Seite das Selbst entspricht; die zweite eher für die Tiefenpsychologie, weil das Subjekt ihres Redens das Ich ist, dem auf der Seite des Gottesbildes der erste Impuls zur Wandlung entspricht. In den sich ergänzenden beiden Perspektiven offenbart sich das eine Anliegen beider, nämlich die Heilung des Menschen, worunter nicht nur die Beseitigung von Krankheiten, sondern in erster Linie die Ganzmachung des Menschen, seine Selbst-Werdung gemeint ist. Die eine nimmt den Standpunkt des Gottesbildes, die andere jenen des auf die Offenbarung des Gottesbildes angewiesenen Menschen ein. Gibt es ein deutlicheres Modell für die Zusammenarbeit von Theologie und Tiefenpsychologie?

Die weiteren Aussagen des Textes entsprechen ganz unserer bisherigen Darstellung der Spiegel-Kommunikation mit einem Gottesbild. Unter dem »enthüllten Antlitz«, mit dem wir den Herrn spiegeln, versteht Paulus die Freiheit vom verknechtenden Gesetz. Die »Wandlung in den Herrn« zielt also nicht auf Fremdbestimmung durch ein bloß verinnerlichtes, aber nicht zu uns passendes Über-Ich, wie Freud es darstellt, sondern auf eine wahrhaftige, durch keine störenden Projektionen verstellte Beziehung, die uns erlaubt, im Angesicht des Du unseres Selbst innezuwerden: Spiegel-Kommunikation im Gegensatz zur Projektion. Jesus war ein konkreter Mensch, der sich uns in vielen Einzelheiten in der Schrift darstellt. Seine Geschichtlichkeit motiviert uns, unsere wechselnden Projektionen von ihm zurückzunehmen und uns der wahrhaftigen Spiegel-Kommunikation zu stellen.

Allerdings taucht hier eine Schwierigkeit auf: Da Jesus für uns kein Gegenüber aus Fleisch und Blut ist, dessen eigene Wandlung zu einem neuen Selbst auf die unsrige antworten würde, sind wir, um ihn in unserem Selbst zu realisieren, darauf angewiesen, daß sein Bild durch lebende Menschen durchscheint, mit denen wir in Spiegel-Kommunikation treten können. Spiegel-Kommunikation mit historischen Persönlichkeiten wie auch mit Ideen und Anschauungen geschieht nie ohne Hilfe von lebenden Menschen, die sie inkarnieren. Alle unsere Bilder haben eine – bewußte oder unbewußte – Beziehung zu realen Menschen, zu einem ansprechenden und ansprechbaren Du. Auch die therapeutisch eingesetzte Spiegel-Kommunikation geschieht immer zwischen dem Analysanden und einem im Analytiker in Erscheinung tretenden Bild. Auch meine exemplarisch gemeinte Spiegel-Kommunikation mit dem Pharisäer im 10. Kapitel entstand in der Begegnung mit Menschen meiner Umgebung. Wäre dem nicht so, würde die Spiegel-Kommunikation kaum von der Projektion zu unterscheiden sein. Die Spiegel-Kommunikation verfügt im Gegensatz zur Projektion über Möglichkeiten zur Realitätsprüfung in Gestalt des antwortenden Du, wenn auch immer erst durch einen längeren dialogischen Prozeß.

Jesus selber weist uns darauf hin, in welchen Nächsten wir sein Bild suchen sollen: in dunklen Randfiguren. In ihnen offenbart sich das eigentlich Fruchtbare des Gottesbildes. Die schöpferischen Lebensimpulse fallen uns aus der Dunkelheit des Du zu. Tiefenpsychologisch gesehen ist der dunkle Nächste – der Kranke, Arme, Zöllner, Ehebrecher, Mörder –, mit dem Jesus sich identisch heißt, die dunkle Seite Jesu als unseres Gottesbildes. Unsere Ansprechbarkeit für sein Chaos ist die Voraussetzung für die Strukturierung unseres neuen Selbst. Sogar jene Sorte von Menschen, die Jesus nie als seine Nächsten bezeichnete, nämlich die Pharisäer und Schriftgelehrten, sind es im tiefenpsychologischen Sinne – gerade sie.

Aus ihrer Dunkelheit spricht uns Jesus selber an, ohne daß er es weiß. Jesu dunkler Nächster ist der Träger unseres Gottesbildes.

Der Text des Paulus sagt weiter, daß wir »in sein eigenes Bild« gewandelt werden. Das äußere Bild, die Gestalt des

Herrn, belebt das auf ihn hin angelegte Selbst-Muster. Es geht wirklich um eine Belebung, sind wir doch »durch den Geist des Herrn« verwandelt: Geist bedeutet in der Schrift, wie im 6. Kapitel erwähnt, Dynamik auf Leben hin, Belebung. Diese stammt vom Herrn, das heißt eben von jenem Gottesbild, das jetzt unser Selbst zu wecken, zu beleben vermag, so daß sich unser Ich in dieses Selbst wandelt. Diese Belebung ist Bewegung von »Herrlichkeit zu Herrlichkeit«.

Kein Wunder, daß Paulus so viele Menschen zu bekehren vermochte. Er wollte den Hörern seines Wortes kein System aufzwingen, sondern war einzig und allein vom Gedanken an ihre Heilung beseelt. Und eben dieses gemeinsame Anliegen sollte Theologie und Tiefenpsychologie einander näherbringen. Die Ausgangsfrage beider ist die gleiche: Woher kommen dem Menschen heilende Impulse?

Ein der Spiegel-Kommunikation verwandtes Symbol ist das der kämpferischen Auseinandersetzung. Es betont die bis an die Grenzen des Menschenmöglichen gehende Anstrengung, die der Individuationsprozeß von uns fordert. Im dynamisch-geschichtlichen Weltbild des Judentums spielt erstmals der *Kampf* als Bild der Selbstverwirklichung eine begreiflicherweise überragende Rolle.

Im 1. Buch Moses 32 lesen wir eine höchst rätselhafte Geschichte, die auch außerhalb des Judentums und Christentums viele Menschen gerade in neuerer Zeit zu einer Deutung gereizt hat. Sie besitzt also die Merkmale des Symbols: Die Spannung zwischen dem Bekannten und Unbekannten lockt zum Dialog. Es geht um den Kampf Jakobs mit einem Engel Gottes, der Jakob zwar als Sieger, aber auch mit einer ausgerenkten Hüfte hinkend zurückließ.

»Als es dem Engel nach dem Kampf einer ganzen Nacht nicht gelang, Jakob unter die Macht des Fremden zu zwingen, das heißt die Unterdrückung Jakobs durch das abgespaltene Leitbild herbeizuführen, und Jakob im Gegenteil, um den Segen zu erzwingen, seinen Griff nicht lockerte, dämmerte der Morgen: die vordem feindliche Macht wurde jetzt von Jakob als freundliche, helle, im Segen sich ihm zuwendende wahrgenommen, als numinoses Leitbild, als ›der Gott Jakobs‹, tiefenpsychologisch ausgedrückt: als seine ihm zugehörige Selbst-Persönlichkeit.«[63]

Das Kampfbild unterstreicht die für das Abendland typische *geschichtliche* Verwirklichung der Spiegel-Kommunikation, etwa im Gegensatz zur plötzlichen Selbst-Wahrnehmung im Zen. Es zeigt Geschichte und Individuation als Resultat einer kämpferischen Auseinandersetzung zwischen dem Menschen und einem »Bild«, das diesem »vorschwebt«, oder besser »voranschwebt«, wie dem Volk Israel auf seiner Wanderung durch die Wüste Gottes Wolke vorangeschwebt ist.

Dieser Prozeß ist ein ständiges Alternieren von Mitteilung und Abstand-Nehmen. Im nämlichen Augenblick, da der Mensch sich im Du eines Gottesbildes spiegelnd als neues Selbst wahrnimmt, entgleitet ihm Gott; eine Leere entsteht, eine »dunkle Nacht Gottes«, bis auf einmal, unvermittelt, weiter vorne ein neues Gottesbild auftaucht und sich als der gleiche »Gott Abrahams, Isaaks und Jakobs« zu erkennen gibt, nämlich im gleichen, wenn auch inhaltlich gewandelten dynamisierenden Anruf auf eine neue Selbstverwirklichung hin.

Auch Marxisten, ich denke an Ernst Bloch und den tschechischen Philosophen Vitězslav Gardavský, der während des Prager Frühlings auch im Westen bekannt wurde, haben das symbolische Bewegungsmuster vom Kampfe Jakobs mit dem Engel mit ihren Phantasien und Gedanken umkreist. Aber ich vermute, daß sie das sie eigentlich Anziehende am Symbol zwar erlebt, aber nicht entschlüsselt haben, nämlich die Nicht-Reduzierbarkeit des Menschen auf irgendeine geschichtliche Mitteilung. Entsprechend der Theorie des dialektischen Materialismus haben sie in der Mitteilung bereits eine potentielle Auflösung des Dialogpartners und nicht nur eines seiner Bilder gesehen. Für sie ist das im Wort Gott Enthaltene letztlich völlig dem Wort Mensch assimilierbar. Am Ende des Kampfes steht kein Du mehr vor Jakob. Die Utopie eines nicht mehr entfremdeten, also auch der Spiegel-Kommunikation nicht mehr bedürfenden Menschen wird zu Unrecht innergeschichtlich imaginiert. Tiefenpsychologisch gesehen dagegen entspricht – wie dargelegt wurde – dem praktisch unerschöpflichen Unbewußten des Menschen das unbegrenzte Angewiesensein auf ein Du, in welchem sich spiegelnd das Unbewußte bewußt wird. Der Tiefenpsychologie ist kein anderer Mensch bekannt als einer, der stets zu sich selbst unterwegs ist.

Deshalb gehört das Bild des Kampfes zur Spiegel-Kommunikation. Diese gibt es nur im Ringen mit einer Außenwelt, die Widerstand leistet, mit einem eingekrusteten ehemaligen Gottesbild, das seine Dynamik auf ein nächstes hin nicht freigeben will, mit sozialen und politischen Realitäten, die sich meinem »Traumbild vom Menschen« entgegenstemmen. Energie entsteht aus der »Reibung zwischen der Seele und der Außenwelt«, wird im Film ›Stalker‹ des russischen Regisseurs Andrej Tarkovski gesagt. Wo gekämpft wird, gibt es auch Verletzungen.

Auch eine Analyse ist kein Osterspaziergang und endet nicht in Minne. Sie ist am Ziel, wenn der Analysand seine Individuationsrichtung in etwa einhalten und das Beziehungsmuster der Spiegel-Kommunikation soweit leben kann, daß er den »Kampf mit dem Engel« ohne Hilfe des Analytikers fortzusetzen imstande ist.

Im Kampf mit dem Engel bekam Jakob zwar einen neuen Namen, das heißt eine neue Identität, ein neues Selbst, aber auch ein Hüftgebrechen. Von nun an mußte er durchs Leben hinken, wie der Schmied Hephaistos, der dem Feuer im Inneren der Erde zu nahe kam, und Ödipus, der Mann mit dem Klumpfuß, der sich an dem nach ihm benannten Komplex verbrannte. Noch schlimmer ging es Daidalos, der dem oberen Feuer, der Sonne, zu nahe kam und verbrannte, der also psychotisch wurde.

Das Unbewußte läßt sich nicht ohne weiteres einen seelischen Inhalt abringen. Es widersetzt sich dem um Bewußtsein kämpfenden Ich auf zwei Arten. Entweder dreht es die Kampfsituation um: Statt dem Ich den *einen* Inhalt kämpfend zu verweigern, fällt es mit der Tür ins Haus und sagt: Du sollst nicht nur einen Teil, sondern alles von mir haben. Alles oder nichts: die Tragik der Psychose. – Oder das Unbewußte läßt sich den begehrten seelischen Inhalt zu leicht abringen – manchmal trägt es sich gar selber an, benützt aber einen Trick, um trotzdem am Ruder zu bleiben: Es macht dem Ich glaubhaft, mit dem ihm gespiegelten Bild schon ganz identisch zu sein; das Ich brauche dieses also nicht durch Spiegel-Kommunikation in eine konkrete Gestalt, eine alltägliche Verwirklichung umzusetzen: die Inflation vieler schöpferischer Menschen, etwa eines Hölderlin.

Geschieht dies auf der Kollektivebene, kommt es zum Massenwahn.

Die Spiegel-Kommunikation steht und fällt mit der Unterscheidung der beiden »Gegner« als Dialogpartner. Nur im »Zwischen« einer Beziehung ereignet sich Individuation.

Nicht ausgeschlossen ist aber auch der tragische Fall, daß die mit dem Einsatz aller Kräfte unternommene Spiegel-Kommunikation das »Herz bricht«, weil der Anspruch des »neuen Gottesbildes« auf so erbitterten Widerstand der sozialen Umwelt stößt, daß das Individuum daran zerbricht, seelisch, vielleicht auch körperlich. Das war nicht nur bei Jesus der Fall. Spiegel-Kommunikation kann in gefährliche sozialpolitische Auseinandersetzungen führen. Ist der Therapieraum nicht ein Fluchtort vor diesen? Ich betrachte ihn als eine soziale Schonzone, einen Temenos (heiliger Bezirk), in dem das neue Selbst so weit gestärkt wird, daß sich der soziale Aktionsradius hernach vergrößern kann und die Gefahr der Überwältigung geringer wird.

Die Betrachtung einer »alten Psychotherapie«, nämlich der Spiegel-Kommunikation, hat uns mitten in die täglichen Auseinandersetzungen geführt. Das sollte eigentlich jede Psychotherapie tun. Die Spiegel-Kommunikation ist mehr als eine bloße Methode der spezialisierten Psychotherapie. Sie ist das zentrale Beziehungsmodell überhaupt. Deshalb will sie schließlich aus dem Sprechzimmer des Therapeuten herausführen.

9. Symbol und Symptom

Ich habe bereits im 1. und 6. Kapitel die eigentümliche Ambivalenz von Symbol- und Symptomcharakter in jedem faszinierenden Bild erwähnt. Es ist die gleiche Ambivalenz wie die des Spiegels, von dem im vorangegangenen Kapitel die Rede war: Einmal mißbrauchen wir das Bild als Schutz gegen seine eigene Tiefe, das andere Mal lassen wir uns von ihm im neuen Selbst ansprechen.

Dieser Ambivalenz gehen wir in diesem Kapitel weiter nach. Eine kurze Anekdote soll sie zunächst veranschaulichen: der Vergleich mit der christlichen Taufe soll die Ambivalenz des Symbols in einen religionsgeschichtlichen Zusammenhang stellen; und zwei Schilderungen von Fallbeispielen sollen in das Problem der Wandlung eines Symptoms in ein Symbol einführen.

Es geht in diesem Kapitel nicht mehr spezifisch um das Gottesbild, doch alles, was vom Symbol gesagt wird, gilt auch für das Gottesbild, also auch die Ambivalenz. Nicht alle, nur zentrale, das Selbst spiegelnde Symbole sind primär Gottesbilder. Doch können wir sekundär alle Symbole insofern als Gottesbilder bezeichnen, als sie innere Teilaspekte des ganzen Selbst offenbaren und dieses immer mit enthalten. Wir dürfen uns die Psyche nicht als einen in scharf abgegrenzte Sektoren aufgeteilten Bezirk vorstellen, Sektoren, denen als belebende Impulse die verschiedenen Symbole zugeordnet wären. Alle Teilaspekte der Psyche sind vielmehr dynamisch auf das Ganze hin orientiert, das Selbst. Deshalb spiegelt jedes Symbol in seiner Dynamik das Selbst als Individuationsziel des Menschen. So unterscheide ich auch in dieser Arbeit nicht immer zwischen allgemeinen Symbolen und Gottesbild. Dies wäre eine unstatthafte, der Sache nicht angemessene Konzession an das logische Denken. Jedes Symbol ist aus der Perspektive seiner Zielrichtung gesehen auch ein Gottesbild. Allerdings verwende ich den Begriff Gottesbild doch meist in bezug auf zentrale Symbole, also auf solche, in denen sich die Gegensätze der Psyche deutlich zeigen und vereinen und kein Teilaspekt überwiegt.

Ich befinde mich im Zoo bei den Raubtieren. Vor einem Käfig, in dem ein einziger Tiger gefangen ist, bleibe ich stehen. Das Raubtier springt in monotoner Wiederholung am Gitter hoch. Neben mir steht eine Familie. Ein etwa zehnjähriges Mädchen fragt: »Warum tut der Tiger so blöd? Der kommt ja doch nicht raus.« Der etwa um zwei Jahre jüngere Bruder ist über die Frage seiner Schwester empört: »Siehst du denn nicht? Der will doch frei werden.«

Beide Kinder standen dem gleichen Bild gegenüber. Doch jedes erlebte es anders. Die Schwester sah den Tiger am Gitter hochspringen, ein nutzloses Symptom, das die Gefangenschaft des Raubtieres zeigt. Demnach müßte der Tiger zur realistischen Einsicht in sein Unvermögen, aus dem Käfig zu entweichen, kommen. Es fehlt ihm offensichtlich an Realitätssinn. Er könnte ein einfacheres Leben haben. Warum bloß macht er sich das Leben so schwer? – Das ist der Gesichtspunkt einer Analyse, der es um die Auflösung der Symptome geht. – Der Bruder dagegen sah im gleichen Verhaltensmuster ein sinnvolles Symbol. In der eindringlichen, unermüdlichen, starrköpfigen Wiederholung nahm er den Drang des Tigers nach einem ihm gemäßen Leben wahr, nach raubtierhaftem Schweifen in Steppe und Dschungel, nach Wittern und Jagen der Beute, nach einem Weibchen. – Das ist der Gesichtspunkt einer Analyse, welche die Realisierung des Symbols zum Ziel hat, auch wenn sich vorderhand das Symbol nur in der Verkleidung eines quälenden Symptoms ausdrücken kann. Dieses soll uns an jenes erinnern!

Wir wünschen dem Mädchen nicht, daß es einmal ein Opfer dessen wird, was die feministische Bewegung »strukturelle Prostitution« nennt, und seine Gefühle in der Ehe so sehr abstumpft, daß es ohne innere Beteiligung den Mann »über sich ergehen« läßt, wann immer dieser will. Wir wollen aber auch dem Buben nicht wünschen, daß er später als Familienvater seine Launen und Wutanfälle ausagiert, wann immer er Lust dazu hat.

Was aber können wir den beiden wünschen? Der mittlerweile zur Frau gewordenen Schwester, daß sie weniger, und dem zum Mann gewordenen Bruder, daß er mehr Realitätssinn zeigt. Daß beide ihre jeweilige Zwangssituation bewußt erleben und sowohl nach den Ursachen fragen, wie sie in eine so unnatürliche und unpassende Falle geraten sind, als auch wie sie herauskommen: zu einem neuen Sinn und einer neuen Struktur, die jedes von ihnen ihrem Leben geben könnte. Daß also beide ihre jetzige Lage als Symptom für eine vergangene und auch als Symbol für eine neue Entwicklung auffassen.

Auch in den religiösen Riten sind beide Gesichtspunkte – Vergangenheitsbewältigung und neue Sinngebung – miteinander verbunden, etwa in der christlichen Taufe als Reinwaschen von den Sünden und Neugeburt, das heißt Wandlung der Persönlichkeit. Das erste entspricht der Zielsetzung einer Symptomanalyse, das zweite der einer Symbolanalyse. Das eine geschieht zusammen mit dem anderen im selben Ritus. Aber das eine und das andere sind doch deutlich als zwei sich ergänzende Seiten unterschieden, wie aus den begleitenden Gebeten hervorgeht. Der Getaufte würde seelisch nach und nach veröden, wenn er in einer bloßen »Reinigungstaufe« zur Sündenvergebung seinen ganzen Lebenssinn ausgedrückt sähe. Der Taufbrunnen als neue Lebensquelle würde ihm fehlen. Er würde ein angepaßtes Leben führen und einen vernünftigen Kompromiß zwischen den eigenen Bedürfnissen und den Erfordernissen der Umwelt schließen: ein friedlicher Tiger im Käfig. Er wäre nicht mehr schuldig (oder doch?) – und nicht frei. Nicht mehr unter dem Gesetz von »Sünde, Tod und Teufel«, aber ohne belebende Hoffnungen. Gertrud von le Fort beschrieb den Fall einer Frau, die durch eine der bloßen »Säuberungstaufe« verwandte Psychoanalyse ihre Symptome, aber auch ihre Lebendigkeit und seelische Spannkraft verlor.[64] Hier hat eine »Taufe« nur um der »Vergebung der Sünden«, aber nicht um des »neuen Lebens« willen stattgefunden. Bedeutet dies nicht die tragischere Schuld als die abgewaschenen Sünden?

Doch auch die gegenteilige Einseitigkeit gereicht zum Schaden. Würde die Taufe nur eine neue positive Lebenseinstellung bedeuten, den Willen zu machbaren Zielen, ein autosuggestives Sich-gut-Zureden, könnte in ihrer Folge keine Individuation stattfinden. Denn Selbst-Verwirklichung setzt Selbst-Einsicht voraus, Aufhellen von Verdunkelungen, Klärung von Vernebelungen, Bewußtmachen von Verdrängungen und – im Bewußtsein der eigenen Verantwortung – auch Bekennen von Schuld. Nur auf dem Hintergrund der alten Schuld ist neue verantwortete Sinngebung erfahrbar. Das Verbindende zwischen beiden Bedeutungen der Taufe ist die zentrale Botschaft, daß der Mensch aus der Unbezogenheit und Fremde in die Bezogenheit zu »Gott« und damit ins Eigene kommt.

Ich bringe nun zwei Beispiele für die Spiegel-Kommunikation, insofern diese sowohl Symptome auflöst als auch Symbole zum Wirken bringt. Das erste betrifft den Traum eines fünfzigjährigen Mannes:

»Ich stehe oben auf einer steilen Böschung. Es liegt Schnee, und ich weiß nicht, wie ich weiterkomme. Da steht ein Kind mit einem Schlitten neben mir. Es bittet mich, mich mit ihm auf den Schlitten zu setzen. Ich habe zuerst Angst, komme aber dann der Bitte nach, und wir gleiten mühelos über alle Unebenheiten, bis hinunter zu einem Haus. Dieses steht offen und ist hell erleuchtet. Wir gehen hinein. Das Haus ist offensichtlich bewohnt, es ist aber niemand drin.«

Ohne nach der Erzählung des Traums abzusetzen, fängt der Träumer gleich zum Kind zu assoziieren an. Er sei ein Muttersöhnchen gewesen, ängstlich, habe es nie gewagt, sich auf einen Schlitten zu setzen, die Böschung sei steil gewesen, er habe sich schon vom vierten Lebensjahr an geweigert, Zärtlichkeiten von seiner Mutter entgegenzunehmen, aber später im Alter von fünfzehn Jahren – der Vater war auf Reisen – habe er sich gesagt: »Warum eigentlich nicht mit meiner Mutter schlafen? Sie ist allein, ich auch, das ist doch natürlich.« Diese Phantasie habe ihn viele Jahre begleitet. – Die Assoziationen pendelten nun zwischen der Abweisung und der Anziehung durch die Mutter hin und her, zwischen der Kälte des Schnees und der Wärme des Hauses. Aber während er assoziierte, fühlte ich mich draußen. Der Analysand ließ mich nicht eintreten. Er redete viel, um mir nicht zu begegnen. Das hing mit dem Kind zusammen. Seine inzestuöse Mutterbindung war zwar zutage getreten. Aber es schien mir, als habe er seinen Assoziationsfluß laufen lassen, um etwas noch Schwierigerem auszuweichen. Mir jedenfalls wich er aus. Er blieb im Assoziieren auf seine Mutterbeziehung fixiert. Er stand nicht in Spiegel-Kommunikation mit mir, dem er den Traum mitteilte. Er wich nicht nur mir, sondern auch dem Kind aus. Das *Kind als »Symptom«* seiner infantilen Mutterfixierung hatte er zugelassen, aber dem

Kind als Symbol konnte er nicht begegnen. Er hatte bloß seine kindliche Abhängigkeit von der Mutter wieder aufleben lassen.

Fühlte er sich eigentlich wohl, auf dem Schlitten wieder in die mütterliche Geborgenheit zu gleiten? Ich stellte ihm diese Frage. Zum ersten Mal seit Beginn der Sitzung schaute er mich richtig an. Auf einmal hatte ich die Gewißheit: Ja, jetzt fühlt er sich wohl, jetzt, nachdem er seine Schuld, immer noch ein Muttersüchtiger zu sein, bekannt hatte. Endlich konnte er die Schlittenfahrt genießen. Diese war jetzt nicht mehr so sehr Rückkehr zum Alten, Regression in die Vergangenheit, die lästige Wiederkehr der so hinderlichen Anziehung durch die Mutter. Er begann vorwärts zu gehen. Ich erlebte nun immer stärker, daß er in mir das Kind sah, das Kind seines Traumes, und erfuhr mich gleichzeitig selber im Bild des Kindes. »Ja«, fuhr er fort, »so unbeschwert und mutig wie dieses Kind möchte ich sein.« Ich lächelte ihn kurz an. Er sagte: »Ja, eigentlich fühle ich mich schon fast so.« Ich bat ihn, nochmals mit dem Kind die tolle Schlittenfahrt zu unternehmen. Nun war er unten. Ein großes Haus! Tür und Fenster offen! Aber hier herrsche ja gar kein Winter mehr. Und hell sei es auch. Nun hielt er kurz inne: Wie anders das jetzt sei als bei ihm zu Hause, als er selber Kind war (während er dies sagte, merkte ich, daß er jenes Kind von damals nicht mehr war), Türe und Fenster waren immer verriegelt, und wie eng das doch war, eigentlich schrecklich. – Ich spürte, daß er froh war, dem entronnen zu sein, und führte ihn deswegen wieder in den Traum zurück: »Und es waren keine Leute im Haus?« fragte ich. »Nein«, sagte er, »aber das ist gut so. Es werden neue Leute kommen.« – »Und das Kind?« – »Das Kind? Als ich noch oben auf der Böschung stand, habe ich ein unwahrscheinlich starkes Gefühl gehabt für das Kind. Nicht eigentlich Liebe, aber ich war sehr bewegt. Aber jetzt, da unten im Haus, ist das Kind vergessen. Ich weiß nicht einmal, ob es noch bei mir ist. Ich fühle mich sehr wohl!«

Was sich bis jetzt abgespielt hatte, war eine vorwiegend von der Emotion getragene Spiegel-Kommunikation des Analysanden mit dem Kind, das auch aus dem Analytiker schaute und fragte. Wir verweilten dabei so lange, wie die Ergriffenheit meines Gesprächspartners die Atmosphäre bestimmte. Die Dauer hängt auch vom emotionalen Durchhaltevermögen des Analytikers ab, sich selber im konstellierten Symbol zu erleben.

In welchen Bereichen war das Kind im Begriff, das Leben des fünfzigjährigen Mannes in die Hand zu nehmen? Wo begann dieser sich fallen zu lassen? In welchen Situationen fühlte er sich entspannter? Es fielen ihm gleich deren drei, vier ein. Gestern zum Beispiel sei er einer Frau begegnet, die er seit zehn Jahren aus den Augen verloren hatte. Er habe über sich selber gestaunt, wie direkt er sie angesprochen und zu einem Kaffee eingeladen habe. Das Gespräch habe richtig gesprudelt. Aber dann habe er sich auf einmal daran erinnert, daß er alles seiner Frau erzählen müsse, und aus sei es mit der Lebendigkeit gewesen. Wir sprachen also über die Beziehung zu seiner Frau. Ich führte ihn dabei immer wieder zum Kind zurück und blieb mir bewußt, daß auch ich dieses verkörperte. Nur so konnte das therapeutische Gespräch intuitiv richtig verlaufen.

Ich breche an dieser Stelle meinen Bericht ab. Der Leser wird die Tendenz einer solchen Spiegel-Kommunikation mit einer Traumfigur herausgespürt haben. Die wirkliche Realisierung des Kindes nahm natürlich noch viel Zeit in Anspruch. Das Wichtigste dabei blieb, daß der Analysand nie *über* das Kind, sondern *mit* dem Kind redete und in seinem Symbol sich selber wahrzunehmen imstande war.

Für den Analytiker ist es hilfreich, das durch den Erlebnisprozeß der Analyse in beiden konstellierte Symbol zu amplifizieren, das heißt durch die bewußte Erinnerung an Mythen, Märchen, Riten usw., in denen das gleiche Symbol vorkommt, Möglichkeiten von dessen Sinn sich vorzustellen und abzuwägen. Das »göttliche Kind« symbolisiert bei vielen Menschen das neue Selbst, insofern es aus einer zentral ergreifenden Wandlung des Ich hervorgeht: aus einer Wiedergeburt. Jede wichtige Symbolfigur hat außerdem eine bestimmte »Gefühlsqualität«. Wir können lernen, die eine von der anderen wie Gerüche oder Farben dank ihrem Gefühlston zu unterscheiden. Der Analytiker sollte während der ganzen Spiegel-Kommunikation im Gefühlston des konstellierten Symbols mitschwingen. Ein christlich geprägter Analysand würde vielleicht die Verbindung vom Kind im Traum zum göttlichen Kind in der Krippe schlagen.

Solche Amplifikationen des individuellen Symbols regen die Spiegel-Kommunikation an. Denn nun fließen all jene Emotionen, die in Kindheit und Jugend an Weihnachten oder beim Hören von biblischen Geschichten erlebt wurden, in das bereitgestellte Symbol und erhöhen seine Libidobesetzung. Dies bedeutet eine Chance, das Kind-Symbol kräftiger in die verschiedensten Lebensbereiche des Analysanden einströmen zu lassen und offene Strukturen der Anschauung und des Verhaltens zu schaffen, die vom Kind, das heißt von der Bereitschaft zur Wandlung, geprägt werden.

Das Symbol ist ein Spiegel, der durch das Oberflächenbild hindurch in die Tiefe führt. Es will keine Gefolgschaft nach dem Buchstaben. Seine Wahrheit offenbart sich oft erst am Ende einer langen, mühseligen, auch sozialen Auseinandersetzung unter Anspannung der Kräfte des Gefühls und der Vernunft. Im erwähnten Beispiel geht es nicht darum, das Kind auszuagieren, sich kindisch der Verantwortung des Erwachsenen zu entziehen, sondern – nach einem Wort von Meister Eckart – das Kind aus sich heraus zu gebären.

Nun zum zweiten Beispiel, das noch deutlicher zeigen soll, wie Symptom und Symbol im gleichen Bild erlebt werden. Es geht darin nicht um ein Traumbeispiel, sondern um ein faszinierendes Bild, das auch im Wachzustand wirkt. Es ist in der Analyse darauf zu achten, nicht nur Traumbilder zu analysieren, sondern auch den Sinn für starke Bilder zu schärfen, die uns im Wachzustand begegnen. Sonst wird die Introversion einseitig gefördert. Spiegel-Kommunikation ist aber ein gleichzeitig introvertierender als auch extravertierender Vorgang, gleichzeitig auf das Du und das Selbst hin orientiert.

Ein fünfunddreißigjähriger Schriftsteller, der vor acht Jahren eine Analyse beendet hatte, erzählte mir im freundschaftlichen Gespräch eine für unser Thema aufschlußreiche kurze Lebensepisode. Um sie dem Leser leichter verständlich zu machen, muß ich zur Vorgeschichte einige Bemerkungen anbringen. Der Mann verspürte seit seiner Pubertät eine spezifische Anziehung für Kameraden und später für jüngere Männer. Die Homosexualität entbehrte aber völlig der Integration in seine Persönlichkeit. Er erlebte sie als zeitweiliges Getriebensein. In anderen Phasen konnte er sich kaum mehr vorstellen, einem Mann nahezutreten. Es ging ihm nie um die Beziehung zu einem bestimmten Mann. Seine Homosexualität glich eher einem Körperfetischismus. Er sammelte Berührungserlebnisse mit dem Penis anderer Männer, wie manche Pubertierende Fotos von Filmschauspielerinnen sammeln. Gleichzeitig hatte er eine stabile Liebesbeziehung zu seiner Frau, die er im Alter von zweiundzwanzig Jahren geheiratet hatte. Das unbezogene Nebeneinander eines angepaßten und glücklichen Lebens und dieser »Penissucht« sowie Leeregefühle und hypochondrische Ängste veranlaßten ihn, sich einer Analyse zu unterziehen. In deren Verlauf lernte er, sein homosexuelles Getriebensein (aber nicht die homosexuelle Neigung selber) als symptomatischen Ersatz für den mangelnden Bezug zu einer tiefen Schicht seines Mannseins zu erleben. Im homosexuellen Erlebnis versuchte er immer wieder neu, das Manko auszugleichen: eine sogenannte narzißtische Plombe. Der Zwang zum Betasten eines jungen männlichen Körpers offenbarte seine Unbewußtheit in bezug auf die eigene Männlichkeit – nicht im Triebhaften, sondern im Geistig-Seelischen; in bezug auf seine Individuationsfähigkeit als Mann, was in seinem Falle vor allem bedeutete: auf seine künstlerische Dynamik. Die allmähliche Integration des homosexuellen Körperfetischismus bewirkte, daß er, der früher geistig zwar phantasiebegabt, aber sprunghaft und letztlich unproduktiv war, in einer überdurchschnittlichen Weise schöpferisch wurde. Im Gegensatz zu früher erlebte er den jungen männlichen Körper immer weniger als Signal zur Aufnahme einer zwanghaften Beziehung und immer mehr geradezu physisch als Dynamisierung seiner geistigen Schaffenskraft: als ein ihm spezifisches Individuationssymbol. Das Bild des jungen Mannes war also für ihn vom Symptom zum Symbol geworden: vom Symptom für sein mangelndes Selbstgefühl als Mann zum Symbol für seine Schaffenskraft. Erst die Einsicht in den Symbolcharakter des ihn faszinierenden Ephebenbildes machte ihm nachträglich bewußt, daß sein früheres homosexuelles Getriebensein ein neurotisches Symptom war.

Dieses glich der verbreiteten Fetischisierung religiöser Bilder, Anschauungen, Figuren. Aber auch hinter solcher Fetischisierung, also hinter dem Symptomcharakter der Bilderverehrung, verbirgt sich der »Trieb«, das Bild als Symbol zu nehmen und für die Individuation zu nützen: der Individuationstrieb. Die übertrieben anmutende Marienverehrung vieler Priester ist oft sowohl Symptom für ihre Mutterfixierung und Unbewußtheit in bezug auf das Weibliche als auch Symbol, das zur bewußten Beziehung zu eben diesem Weiblichen anreizen will. Deswegen kann die persönliche Realisierung eines Glaubensinhaltes nur gleichzeitig durch die aufdeckende Symptomanalyse und die ein neues Selbst belebende Symbolanalyse geschehen.

So viel zur Vorgeschichte meines Bekannten. An diesem Abend erzählte er mir, er habe vor vier Wochen angefangen, einen neuen Roman zu schreiben. Am ersten Tag habe er in einer Sportzeitung das Bild eines jungen Fußballers gesehen und sogleich »gewußt« – mit dem auch für die Symbolanalyse typischen Evidenzgefühl –, daß die Betrachtung dieses Fotos seine Phantasie beim Schreiben beflügeln, seine Konzentration stärken, das Aufspüren und Verfolgen des roten Fadens fördern würde. So stellte er denn das Bild vor sich auf den Schreibtisch und erlebte in den folgenden Wochen bis ins Mark hinein die seelische Dynamik des Fußballersymbols. Seine Sprache wurde lebendiger, seine Ausdrucksweise farbiger; vor allem blieb er dicht »am Ball« seiner Ideen und konnte mit großer Geschwindigkeit seinen Intuitionen nachjagen – wie der Fußballer dem Ball. Aber er hatte keine Sehnsucht, sich dem abgebildeten Sportler sexuell zu nähern. Dessen Bild bedeutete für ihn etwas anderes. Die Spiegel-Kommunikation mit dem Symbol des Fußballers vermittelte ihm das Gespür für seine eigenen Lebensenergien, seine seelische Dynamik, seine sich tief aus dem Körperlichen nährende Schaffenslust.

Die Episode aus dem Leben des Schriftstellers betont die körperliche Dimension des Symbols. Je geistiger und intellektueller ein Individuum sein Leben gestaltet, desto mehr steht es in der Gefahr der seelischen Sprödigkeit, Sterilität, Langeweile, Trockenheit, auch wenn der Verstand störungsfrei funktioniert. Es ist das Risiko der geistigen Verstiegenheit, der zu dünnen Luft, des mangelnden Bodenkontaktes. Mancher hilft sich von Zeit zu Zeit durch rauschhafte sexuelle Eskapaden. Aber auch das Hin und Her zwischen nur geistiger Anspannung und nur körperlicher Entspannung mutet mit der Zeit monoton und armselig an, geht es doch gerade darum, in der geistigen Arbeit selber die Triebkraft zu erleben, im künstlerischen Schaffen das Körperliche wie auch – doch darum handelt es sich hier nicht – im Körperlichen das Geistige und Seelische, zum Beispiel in der Sexualität die geistig-seelische Verbundenheit mit dem Partner.

Wie kann ein Mensch wie mein Bekannter seine geistigen und künstlerischen Aufgaben »körperlicher« erleben und erfüllen? In seinen »fetischistischen Phasen« trieb es ihn, das Gefühl der Unlebendigkeit loszuwerden. Das heißt tiefenpsychologisch: Er sah den Mann, zu dem es ihn zwingend hinzog, als Symbol für die eigene Lebendigkeit. Solange er jedoch das Symbol wie ein Symptom auslebte, indem er sich dem anziehenden Mann sexuell näherte, entfaltete das Symbol seine innere Dynamik nicht. Wie aber konnte er diese dem Symbol eigene Dynamik in sein Leben integrieren? Die geschilderte Lebensepisode gibt auf diese Frage eine anschauliche Antwort. Nebenbei bemerkt: Ich meine nicht, daß jede genitale gleichgeschlechtliche Beziehung das bloße Ausagieren eines Symptoms bedeutet. Dies war es jedoch im Leben meines Bekannten.

Es ist schade, der Energie eines Symbols durch Ausagieren des Symptoms verlustig zu gehen. Es wäre also für den erwähnten Schriftsteller schade gewesen, aus der Einsicht in den narzißtischen »Plomben-Charakter« seines episodischen homosexuellen Getriebenseins auf die Triebenergie, die für ihn im jungen Körper als Fetisch geballt war, zu verzichten. Seine Individuation wäre blockiert worden. Manche Analyse endet so mit dem seelischen Vertrocknen gerade in dem Lebensbereich, in dem sich das besondere Schicksal eines Menschen erfüllen sollte. Man lebt zwar ruhiger, aber wo ist die bis in die Knochen gehende Leidenschaft geblieben, die sich vor der Analyse zum Beispiel in der Neigung zum Sadismus manifestiert hatte? Nein, kein Zurück mehr, zuviel Leiden hatte man durch diese Perversion sich und anderen zugefügt. Aber muß der Verlust sein?

Befinden wir uns mit dem Symbol in lebendiger Verbindung, muß der Verlust nicht sein. Denn das symbolische Bild greift tief ins Körperliche hinein, wie das auch physische Gepacktsein meines Bekannten angesichts des Sportlerbildes zeigte. Die Wurzeln des Symbols sind im Triebhaften und nähren sich aus ihm. Im Symbol lebt die Individuationsdynamik des von ihm angesprochenen Menschen. In ihm wird spürbar, daß es letztlich nur *eine* Lebensenergie gibt, die sich wie ein Wasserfall von Katarakt zu Katarakt über alle Schwellen des Menschseins ergießt. Jung betrachtete das Symbol als Transformator der Triebenergie in seelische Energie. Wir können es auch als dynamisches, den Individuationstrieb in einem spezifischen Aspekt darstellendes Lebensmuster bezeichnen. Deshalb ist es möglich, mit ihm in Spiegel-Kommunikation zu treten. Das ganzheitliche Symbol widerspricht einem auf den bloßen Verstand oder das bloße Gefühl oder den bloßen Instinkt fixierten Bewußtsein. Das außen und innen wahrgenommene Symbol vermag die Verbindung zwischen diesen Teilen wiederherzustellen. Wenn wir lieben, fließt dann die Lebensenergie auch im Verstand. Wenn wir denken, auch im Herzen und im ganzen Körper. Wir werden der in alle Lebensbereiche strömenden Libido im Symbol gewahr. Durch das Gewahrwerden aktivieren wir sie.

Dem primitiven Menschen fiel das Denken schwerer als das instinktgemäße Verhalten. Kulturelle Leistung bedeutete für ihn eine ungeheure Anstrengung, die ihn ermüdete. Deswegen erfüllte das Symbol für ihn vor allem die Aufgabe, in die noch neuen, den Instinkttätigkeiten fremden Kulturleistungen jene seelische Energie zu lenken, die er früher fast ausschließlich in die Nahrungssuche, Sexualität, in den Kampf ums Überleben leitete. Die Frau wurde immer mehr über ihr gewohntes Bild als Mutter und Partner hinaus für den Mann durch Analogiebildung auch Symbol des zu bebauenden Ackers, einem Analogon zur zu befruchtenden Frau. Ein Teil der Energie, die früher in die Sexualität floß, wurde jetzt in die Kultivierung der Felder geleitet. Je höher die Kultur stieg, desto wichtiger wurde die Frau für den Mann auch als kulturelles Symbol. Deshalb bedeutet das Bild der Frau im Manne, die Anima, nicht nur die körperliche, sondern auch geistige und kulturelle Lebendigkeit des Mannes, das in allen Lebensbereichen »zu Befruchtende«. Wie die Frau als Symbol schon beim Primitiven innere Führerin zur Kultur war, ist sie heute für den Mann Führerin zur Individuation, zu dem in einem Lebensschicksal zu erfüllenden Kulturmuster. Der Leser hat wohl bemerkt, daß mein Begriff der Kultur kein äußerlicher ist, etwa im Sinne eines dem Individuum aufgezwungenen Kulturkanons, sondern ein innerlicher, als ein im Selbst-Potential des einzelnen seit jeher vorhandenes geistig-seelisches »Befruchtungsmuster«, zu dessen Belebung und Strukturierung natürlich äußere Kulturangebote nötig sind.

Der »Kulturmensch« hat im Gegensatz zum Primitiven eine Virtuosität entwickelt, sich mit kulturlosen Denkklischees den Anschein von Lebendigkeit zu geben. In ihnen funktioniert sein Verstand mühelos. In hergebrachten Wortschablonen zu reden ist für ihn das Allererholsamste. Keine Spur mehr von der Anstrengung der Naturvölker im Umgang mit dem Wort, das für sie immer Wirkwort war. Der heutige Mensch verliert den Sinn für Wirkworte, wie ich im Zusammenhang mit dem Wort Gott im 3. Kapitel darlegte. In Wirkworten, das heißt in wirklichen Worten, zittert das Körperliche. Worte haben Muskeln und Sehnen, ein Herz und einen Kreislauf. Worte sind Symbole. Das Symbol hat für den heutigen Menschen, im Gegensatz zu unseren Vorfahren, zunächst die Aufgabe zu erfüllen, das entfleischte Denken wieder mit dem Körperlichen zu verbinden. Der Zugang zu den Bildern, Ideen und Worten als Wesen mit Schenkeln, Lenden, Brüsten, Armen ist uns nicht ohne weiteres gegeben. Er fällt uns ebenso schwer wie unseren Vorfahren der gegenteilige Verzicht auf bloße Instinktreaktionen zugunsten einer kulturellen Anstrengung. Wenn dem nicht so wäre, könnten wir auf die analytisch eingesetzte Methode der Spiegel-Kommunikation verzichten.

Früher mußten sich die sogenannten Primitiven mit Spiegeln vor einer das Ich schwächenden Identifizierung mit der Außenwelt schützen. Der Kulturmensch dagegen hat sich mit solchen Abwehrspiegeln nach allen Seiten hin geradezu gepanzert, so daß er im bloßen Reflektieren des Eigenen erstickt und sich nach mehr Spiegel-Kommunikation mit dem noch Fremden sehnt.

Wie grau und nichtssagend, wie unkörperlich wirkt zum Beispiel das Wort »Punkt« auf uns Heutige! Es bedeutet vielleicht den Schlußpunkt am Ende eines langweiligen Buches. Oder das Punctum zum Abschneiden einer Diskussion, der man überdrüssig ist. Oder den Hinweis auf die genaue Uhrzeit. Aber wer versteht heute noch spontan das Symbol des Punktes als Ort, wo sich die Gegensätze aufheben, als Einheit und Identität, als auch körperliche Erfahrung einer fraglosen Konzentration? Und doch waren solche Symbolerfahrungen auch hierzulande bis ins hohe Mittelalter Allgemeingut. Das geistigste Bild hatte körperliche Dichte. In der Spiegel-Kommunikation mit dem Symbol lernen wir wieder das zu erleben, was auch die Bioenergetik anstrebt, nämlich das *Innewerden im Körperlichen,* doch stets in dynamischer Verbindung zum Geistigen. Je intensiver die geistige Spannung eines Symbols ist, desto tiefer greifen seine Wurzeln in die Materie. Gerade der schizoide Mensch mit dem abgeschlagenen Körper findet durch die Spiegel-Kommunikation mit dem Symbol die Verbindung mit seinen Triebkräften wieder. Zwar küssen wir heute keine Ikonen mehr. Doch ist es nicht sogar faszinierender, die Wahl der Bilder, die Körper und Geist wieder in eins bringen können, selber zu treffen?

Das Körperliche im Symbol ist auch das Dunkle, Unbewußte, Irrationale, etwas, was wir vielleicht als böse empfinden. Und gerade aus diesem, der unbekannten Seite im Symbol, kommt uns der Anreiz, uns mit ihm auseinanderzusetzen. In ihm, nicht in seiner bekannten, bewußten Seite verbirgt sich das *Geheimnis des neuen Selbst.* Ein Mensch, der uns positiv oder negativ fasziniert, also für uns die Eigenschaft eines Symbols hat, muß nicht »gut« sein. Die moralische Indifferenz jedes echten Symbols stammt aus seiner Verwurzelung im Körperlichen. Instinkte sind weder gut noch böse. Deshalb sind auch die Phantasiebilder, die unsere Instinkttätigkeiten wecken, begleiten und auf bestimmte Gestaltungen hindrängen, die sogenannten archetypischen Bilder, weder gut noch böse. Bloß erbauliche Bilder sind nie Symbole, also auch keine Gottesbilder. Die Französische Revolution mit ihren Idealen der Freiheit, Gleichheit und Brüderlichkeit konnte nur Allegorien schaffen, keine Symbole. Entsprechend kurzlebig war die Herrschaft der »Göttin Vernunft«. Die Langlebigkeit der echten Gottesbilder hat mit deren Körperlichkeit zu tun. Unsere Triebe und Instinkte sind älter als alle Kultur und älter als der Mensch. Dasselbe gilt auch für die symbolischen, das heißt die Zukunft dunkel vor-entwerfenden Phantasiebilder. Sie sind nicht unmoralisch, sondern vormoralisch. Auch die erste Wirkung eines neuen Gottesbildes ist nicht unmoralisch, sondern vormoralisch, das heißt ohne jene Moral, die vom alten Gottesbild her geprägt wurde. Jesus als Träger eines neuen Gottesbildes faszinierte zunächst in der Ablehnung der alten Moral, dann im Entwurf einer neuen, die dem dunklen Nächsten als unterscheidendem Merkmal im neuen Gottesbild Rechnung trug.

Das neue moralische Urteil, die nach innen und außen angepaßte Verwirklichung der neuen Botschaft entsteht erst aufgrund der Spiegel-Kommunikation mit dem neuen Gottesbild. Es gilt also auch, daß jede Moral ihren Ursprung in der Spiegel-Kommunikation mit einem Gottesbild hat. Eine Gesetzesmoral zum Beispiel geht auf das Gottesbild eines Gesetzgebers zurück. Aus dem Gottesbild kommt die emotionale Kraft, mit der wir ein Gutes bejahen oder ein Böses ablehnen. Die Libido, die unsere Moral speist, ist vormoralisch. Deshalb trägt jede Moral in sich die Kraft zu ihrem Umsturz. Ohne diese Kraft würde es wiederum keine Moral geben. Die Moral lebt aus dem vormoralischen Gottesbild. Das heißt aber: Um die einer bestimmten Moral innewohnende Umsturzdynamik über die platten, statischen Vorschriften hinaus kennenzulernen, haben wir die respektvolle Distanz, die jede Moral um ihrer Selbsterhaltung willen von uns fordert, aufzuheben.

Die einzige Moralvorschrift, die bei allen Christen so viel gilt, daß sie nicht einmal ausgesprochen wird, lautet: Du darfst an der moralischen Vollkommenheit des Menschen Jesus nicht rütteln! Für die einen hängt dieses Tabu mit ihrem Glauben an Jesu Göttlichkeit zusammen, für die anderen mit selbstverständlicher Pietät. Dieses Tabu ist die wirksamste Waffe des christlichen Gottesbildes, sich gegen seine Wandlung zu wehren. Die Möglichkeit einer dunklen, noch unfertigen, unbewußten Seite im Menschen Jesus ist tabuisiert. Selbst die, die daran denken, nehmen ihren Gedanken nicht ernst; er wird also nicht zu Ende gedacht. Daß die Theologie dieses Tabu respektiert, ist begreiflich, doch würden auch hier belebende Impulse aus der Beachtung der noch nicht aufgehellten Schattenseite des christlichen Gottesbildes, wie es in Jesus erscheint, kommen. Daß auch die Tiefenpsychologie dieses Tabu in bezug auf Jesus noch kaum angegangen hat, ist schwerer verständlich, weiß sie doch, daß der höchste Wert eines Gottesbildes »im Dreck gefunden wird«, wie die Alchemisten sagten, im Schatten, den es wirft. Wer sich von diesem ansprechen läßt, hat den ersten Schritt zu einem neuen Selbst getan.

Die Theologen befürchten wohl, die Aufdeckung einer dunklen Seite in Jesus könnte zur Folge haben, daß Jesus uns kein Gottesbild mehr wäre. Das Gegenteil ist wahr. In jedem Gottesbild ist etwas Wildes, Dunkles, Unbewußtes, das ebenso zur hellen, bewußten Seite gehört wie Triebe und Instinkte zu Seele und Geist. Wird nun der Schatten des Gottesbildes tabuisiert, kommt der Augenblick, da dessen Fruchtbarkeit aufhört, dann nämlich, wenn wir die Helligkeit des Gottesbildes in uns aufgenommen, assimiliert haben. Jesus assimilieren heißt seine seelische Grundhaltung in uns aufnehmen, auch wenn wir sie in mancherlei Hinsicht noch nicht verwirklicht haben.

Das christliche Gottesbild ist für viele fade geworden. Jesus ist tiefenpsychologisch gesehen für viele Christen kein Gottesbild mehr. Es herrscht Funkstille zwischen beiden. Ansprechende Impulse für ein neues Selbst kommen keine mehr von ihm. Dies ist für den Psychotherapeuten eine erschütternde, aber nicht zu bestreitende Tatsache; er begegnet ihr täglich. Sollte er sich aber nicht daran erinnern, daß seit jeher die Helligkeit eines neuen Gottesbildes aus der Dunkelheit des alten kam? Müßte er nicht um des Menschen und um Gottes willen das Tabu vom »vollkommenen Menschen Jesus« lüften und Kontakt mit dessen Dunkelheit aufzunehmen versuchen, nicht um der Zerstörung, nicht um des Sakrilegs willen, nicht um Jesus als Gottesbild zu entmachten, sondern im Gegenteil, um Jesus wieder die Möglichkeit zu geben, ein Gottesbild für uns zu werden, indem wir die Verabsolutierung seiner Helligkeit auflösen und in lebendige Spiegel-Kommunikation auch mit seiner Dunkelheit treten? Hat Hiob nicht gerade im Streit mit dem dunklen, nämlich ungerechten, jähzornigen, wankelmütigen Gott zu einem neuen Selbst und damit zu einer höherstehenden, innerlicheren Moral gefunden? Das die Spiegel-Kommunikation Hiobs mit Jahwe auslösende Moment war gerade die primitive Seite von dessen Gottesbild. Als Hiob diese als das Spiegelbild seiner eigenen Unbewußtheit wahrnahm, konnte sie sich wandeln und den Weg für den »Gott Jesu Christi« öffnen.

In der Geschichte jedes Gottesbildes kommt der Punkt, da dessen Sein oder Nicht-Sein von der Spiegel-Kommunikation mit seiner Dunkelheit abhängt. Findet diese nicht statt, verblaßt das Gottesbild und geht unter. Ohne geschichtliche Verknüpfung mit ihm taucht dann irgendwann ein neues Gottesbild im tiefenpsychologischen Sinne des Wortes auf, das manchmal noch dunkler ist als das letzte. Findet die Spiegel-Kommunikation jedoch statt, ermöglicht die bewußte Wandlung des Gottesbildes die geschichtliche Kontinuität in unserem Leben: die Individuation. Als der »Gott des Moses« zum »Gott Jesu Christi« wurde, machte das von dieser Wandlung betroffene Individuum den Schritt zu einem neuen, von Zwängen unabhängigeren Selbst.

Der Leser ahnt wohl, daß mir die Frage nach dem dunklen Jesus persönliches Anliegen ist. Sein Gottesbild hat in der Vergangenheit viele Dunkelheiten in mir aufgehellt. Aber etwa vor neun Jahren begann seine Leuchtkraft für mich abzunehmen. Im Laufe der eigenen Lehranalyse fing ich an, mich mit brennendem Interesse dem Unverständlichen, Ungeklärten, Dunklen in der Gestalt Jesu zuzuwenden. Ich konnte mir mein Interesse nicht anders erklären, als daß ich gerade in diesem dunklen Jesus mein neues Selbst suchte. Aus meiner analytischen Praxis weiß ich, daß unzählige Menschen mit mir die Loslösung vom hellen Gott und die Hoffnung auf den dunklen Gott teilen, nicht nur in der Gestalt Jesu, sondern auch in der Kirche. Kritik an der Kirche muß nicht als eine Zerstörung gemeint sein, sondern kann sich als von Hoffnung getragene Spiegel-Kommunikation mit dem Dunklen, Primitiven, Minderwertigen im Erscheinungsbild der Kirche verstehen. Auch viele Nichtchristen lösen sich von ihren früheren Idealen und zeigen ein leidenschaftliches Interesse an deren Schattenseiten, also an jenen Seiten, die sie als vom Licht der Ideale Geblendete – und in bezug auf ihren Schatten Verblendete – früher ausgeblendet haben.

Jesus selber stand in leidenschaftlicher Spiegel-Kommunikation mit der dunklen, unbewußten Seite des pharisäischen Gottesbildes, das heißt mit einer zwanghaften, unterdrückten Gefühlswelt, die auf Freiheit vom Gesetz und auf Nächstenliebe hin erlöst werden wollte. Diese unbewußten Schattenseiten des pharisäischen Gottesbildes standen im völligen Kontrast zu dem nach außen in Erscheinung tretenden Bild des Gesetzgeber-Gottes. Nicht von diesem, sondern von jenen kam Jesus der stärkste Impuls zur Spiegel-Kommunikation. Die dunkle Seite des pharisäischen Gottesbildes zu erhellen, zu wandeln und zu integrieren, war seine Lebensaufgabe. Er tat es bis zum wehrlosen Kreuzestod, zu dieser reifsten, integriertesten Gebärde des Gefühls: der völligen Hingabe – Gegenbild zur pharisäischen Gefühlsverhärtung.

Mit meiner Spiegel-Kommunikation werfe ich Jesus in keiner Weise Einseitigkeit vor: Er war der vollständigste Mensch, den ich mir denken kann, ohne vollkommen gewesen zu sein (nach einer Unterscheidung Jungs): Kein Mensch kann in seinem geschichtlichen Leben Gegensätzliches in völliger Ausgeglichenheit in sich vereinen. Jesus mußte sogar einseitig sein: natürlich im Sinne seiner eigenen Spiegel-Kommunikation. Es geht mir also nicht um einen Vorwurf an den geschichtlichen Jesus, es geht um meine Spiegel-Kommunikation. Ist die Umkehrung von Jesu Spiegel-Kommunikation mit dem dunklen Aspekt des Pharisäergottes, nämlich mit dessen unterdrücktem, chaotischen Gefühlsleben, in meine Spiegel-Kommunikation mit dem dunklen pharisäischen Aspekt des in Jesus verkörperten Gottesbildes, nämlich der zwanghaften, seelenlosen, heuchlerischen, kollektivistischen Struktur, die zum Beispiel in den Kirchen als Machtinstrument der Hierarchie oder als biblischer Buchstabenglaube wieder zutage tritt, nicht eine radikalere Form der Nachfolge Jesu als bloße Imitierung seines bewußten Lebens?

Wie in allen Zeiten des Umbruchs nimmt auch heute wie zur Zeit Jesu die *Heilserwartung an das Dunkle,* noch Unbewußte zu. Da ist es von entscheidender Bedeutung, dem Dunklen und Unbewußten nicht regressiv zu verfallen, sondern sich der Finsternis des Gottesbildes furchtlos zu stellen. Dessen vertraute, geschichtlich strukturierte Seite erlaubt es, die Spiegel-Kommunikation auch mit seiner unvertrauten, noch nicht Geschichte gewordenen Seite aufzunehmen: Das Bekannte führt zum Unbekannten. Der dunkle Aspekt des bisherigen Gottesbildes ist der wirksamste Anspruch und Ansporn zu einem neuen Selbst.

Das Anliegen einer solchen Spiegel-Kommunikation ist zwar heute allgemein verbreitet, aber deren konkreter Verlauf ist immer individuell bestimmt. Deshalb kann ich keine allgemeingültige Theorie über den »dunklen Jesus« aufstellen. Der einzige Weg, dem Leser zu erklären, wie er sich diesem nähern kann, ist die exemplarische Darstellung meiner eigenen Spiegel-Kommunikation mit ihm, verbunden mit Hinweisen auf das methodische Vorgehen.

Die nun folgende Darstellung ist darum notgedrungen subjektiv gefärbt. Ohne Subjektivität wäre sie wertlos. Ich riskiere es, mich selber als konkretes Beispiel zu zeigen, weil ich keine andere Möglichkeit sehe, das Entscheidende an der Spiegel-Kommunikation mit einem dunklen Gottesbild auszudrücken. Ich sehe dabei Jesus nicht als auferstandenen Christus und Gottessohn, sondern als ein menschliches Du, das mich zentral anspricht. Mein Partner in der Spiegel-Kommunikation ist also weder der exegetische noch der theologische Jesus, obgleich mein Jesusbild von Bibel und kirchlicher Verkündigung geprägt ist. Auch der *Pharisäer,* von dem bereits die Rede war, entspricht nicht einer geschichtlichen Figur, sondern ist ein *Typos,* der für mich ebenfalls von den beiden obigen Instanzen geprägt ist. Die Typisierung des Pharisäers beginnt bereits im Neuen Testament. Vergessen wir aber nicht, daß Jesus auch Freunde unter den Pharisäern hatte! Sein Typos aber ist der eines Verteidigers der etablierten Strukturen des Kollektivs bis zur Vernichtung des »Sohnes«, der diese sprengen will: also der Typos des *negativen Vaters.* Daß der geschichtliche Pharisäer in Wirklichkeit auch Revolutionär – rebellischer Sohn – war, wird vom *Typos* des Pharisäers nicht rezipiert. Auch die Vermutung mancher Exegeten, Jesus selber sei Pharisäer gewesen, widerspricht diesem Typos. Das Bild des Pharisäers ist von Abwehr geprägt. Pharisäer wird mit *Heuchler* gleichgesetzt. Ein Heuchler täuscht in äußerlichen Strukturen – Moralvorschriften, Verhaltensnormen, Weltanschauung – eine nicht vorhandene innere Haltung vor, der diese entspringen sollten. Wer den Typos des Pharisäers so beschreibt, hat die Neigung, alles, was in seinem Leben mit bewußter Strukturierung zu tun hat, zu verachten und zu vernachlässigen: er hat den Pharisäerschatten von sich abgespalten.

Der Analytiker entdeckt in einem zwanghaft auf Strukturierung bedachten »pharisäischen« Menschen immer die Sehnsucht nach Substanz und Echtheit. Ist unsere Haltung zu ihm nicht Abwehr, sondern uneingeschränkte Offenheit, achten wir weniger auf das, was nach außen hin in Erscheinung tritt – leere Strukturhülsen zur Behauptung der eigenen Macht über andere –, als auf die verborgene innere Dynamik hin zu seelischer Lebendigkeit, ermöglichen wir ihm die Wandlung zu einem neuen Typos, dem *Typos des integrierten Pharisäers,* der sich durch Sachverstand und Kompetenz in bezug auf die nötige Strukturierung von Individuum und Gesellschaft auszeichnet.

Meine Spiegel-Kommunikation mit Jesus in seinem Pharisäerschatten spielt sich nicht bloß in meiner Phantasie ab; sonst müßte sie als Projektion bezeichnet werden. Die Art, wie ich sie darstelle, ist das Resultat vieler Gespräche, vor allem mit kirchlich gebundenen Menschen. Das Gottesbild, mit dem ich in Dialog trete, ist ebenso stark von ihnen wie von Jesus aus den neutestamentlichen Quellen bestimmt. Und doch ist die Auswahl, die ich aus dem »Persönlichkeitsangebot« Jesu mache, eine ganz subjektive, wie auch manche Überlegungen und Vermutungen.

Durch *Fragen* an Jesus beabsichtige ich zunächst, diese meine subjektive Auswahl zu konstellieren, um hernach die Antworten spiegelkommunikativ aufnehmen zu können: als Impulse zu einem neuen Individuationsschritt.

Jesus ist eines der »Objekte« in meinem Leben, mit deren Dunkelheit ich noch kaum in Spiegel-Kommunikation getreten bin. Das macht wohl die Macht der Erziehung und der Druck, dem mich der auch für viele Atheisten vorbildhafte Name Jesus aussetzt. Dann die acht Jahre, in denen ich Theologie studiert und in ihr promoviert habe. Welch ungeheurer Einsatz, und das soll nichts Objektives sein?

Trotzdem versuche ich mich jetzt auf Jesus zu konzentrieren und wie in jeder Spiegel-Kommunikation das äußere Sehen so sehr mit dem inneren zu verbinden, daß ich das Du auch von seinem Innern, seinem Unbewußten her wahrnehme. Ich frage Jesus: Wann schlägt dein Herz unruhig? Was entfacht deine Leidenschaft? Wann bist du ein Eiferer? In welchen Situationen gebrauchst du die farbigste, dichteste, lebendigste Sprache? Gibt es Momente, in denen ich dich auch körperlich spüre? Was ist es, das mich in dir nicht offen, sondern dunkel anspricht? – Zwar bin ich, um die Fragen nach Jesu Dunkelheit zu beantworten, auf die Zeugnisse der Evangelien angewiesen, doch falls es den dunklen Jesus gibt, konnten auch die Evangelisten ihn nicht exorzieren, teilten sie doch seine Dunkelheit. Nur in den hellen Regionen können Texte frisiert werden.

Zunächst fällt mir der *»heilige Zorn«* in den Streitreden Jesu gegen die Pharisäer und Schriftgelehrten ein. Ich kenne den »heiligen Zorn« vor allem von einigen Frauen her, die, von ihm beseelt, ihre unwandelbaren, unerschütterlichen Prinzipien vorbrachten. Der heilige Zorn ersetzt oft die solide Argumentation. Das Animus-Problem der Frau, würde Jung sagen. War wohl Jesu Männlichkeit stärker vom Mutter-Animus – von der abgespaltenen, nicht integrierten Männlichkeit seiner Mutter – als vom schwachen »Pflegevater« Josef geprägt? Und war damit die in dieser Familienkonstellation beim Sohn oft festgestellte Tendenz verbunden, richtigste, tiefste Intuitionen in einer unbestimmten, vieldeutigen, aber suggestiven Weise zu äußern und mit »heiligem Eifer und Zorn« zu verteidigen, also die Fähigkeit, symbolisch zu reden und zu handeln, die einem dem Matriarchat nahen Manne eigen ist, und gleichzeitig eine ekstatische, wie zugeflogene Männlichkeit, die sich den »gestandenen Männern«, dem bewährten Männerkollektiv gegenüber nur schwer zu behaupten weiß und dann oft entweder mit Rückzug in mütterliche Innerlichkeit oder mit Flucht nach vorne ins Heldentum reagiert, Flucht, die nicht selten früh von der Todesmutter beendet wird? Stand vielleicht der Satz, den Jesus an seine Mutter richtete, mit der Problematik des heimlichen Muttersohnes in Zusammenhang: »Weib, was habe ich mit dir zu schaffen?« Heftige Abspaltung der so nahen Mutter – die christliche Tradition hätte Jesu unbewußte Nähe zur Mutter richtig erfaßt und in der Marienfrömmigkeit offenbart –, um den eigenen Schicksalsweg als Mann unter Männern jenseits des matriarchalen Bewußtseins, das heißt des bloß intuitiven Wissens, doch noch gehen zu können, eine Abspaltung, die Jesus nicht glücken konnte? Blieben für den Mann Jesus die anderen Männer, Säulen der Gesellschaft, nicht Fremde, die, um den so plötzlich Aufgebrochenen, in die gewohnten Strukturen unbezogen Einbrechenden loszuwerden, zu legalen Verfolgern und Mördern werden mußten? War es etwa der Mut der Verzweiflung, der Jesus in das Schicksal des heroisch Scheiternden trieb, Verzweiflung, nur auf diese tragische Weise in der Gesellschaft der Männer einen Platz zu bekommen? Versuchte Jesus paradoxerweise gerade durch seinen Konfrontationskurs sich an die religiösen Führer des Volkes, Pharisäer und Sadduzäer, auf intensivste Weise zu binden, nach außen mit heftiger Ablehnung, innen mit Liebe?

Liebte Jesus unbewußt die Pharisäer? Liebte er die ihm fehlende Verwurzelung im Männerkollektiv? Ihre Hartnäckigkeit im Erhalten der Strukturen des religiösen Judentums? Ihren höchsten Wert, nämlich das Gesetz, den Buchstaben, das »Ein-für-allemal-Etablierte«? Liebte er, der »alle Götter der Macht«

bekämpfte, gar ihre Macht, ohne es zu ahnen? War, buddhistisch gefragt, die unbewußte Gier nach Macht Ursache seines Leidens? – Ist der dunkle Jesus ein Pharisäer? Galt sein heiliger Zorn dem Pharisäer, weil er ihn zwar in sich trug, aber nicht aus sich leben lassen wollte? Haßte er ihn zur Abwehr der Liebe, das heißt der seelischen Verbindung mit ihm?

An diesem Umschlagpunkt der Spiegel-Kommunikation angekommen, halte ich kurz inne. Meine Fragen enthielten immer deutlicher schon die Antwort. Ihre Formulierung, eine Mischung aus eigener Problematik und unreflektierter Auswahl aus meinem biblischen und psychologischen Wissen, ließ bereits die jedem starken Bild eigene Verbindung von Subjektivem und Objektivem ahnen und stellte schon die erste Phase der Spiegel-Kommunikation dar, weil sie sowohl von einer wachsenden Anziehung – der numinosen Ergriffenheit – als auch von einer zunehmenden Gestaltung – dem Begreifen und Verarbeiten – getragen war. Allerdings bewirkte die Frageform, daß ich die implizierten Antworten erst als provisorisch und hypothetisch empfinde und somit offen für alles Weitere bleibe. Nun aber regt sich in mir das Verlangen nach Verlagerung des Schwerpunktes vom Ich zum Du, vom Fragenden zum Antwortenden. Des Fragens müde, bin ich bereit, mich kräftiger und deutlicher vom Du prägen zu lassen. Meine Fragen haben den »dunklen Jesus« mit soviel Energie aufgeladen, daß die Versuchung, mich aus Gewohnheit und Bequemlichkeit auf eine erbauliche Botschaft einzustellen, überwunden ist.

Erbauliche Botschaften habe ich schon zu viele bekommen. Sie kamen einseitig von außen. Mitteilung kommt zwar von außen, wird aber innen wahrgenommen. »Triffst du Jesus, töte Jesus!«, würde ein alter Zenspruch in christliche Sprache übersetzt heißen.[65] Nicht den Jesus, der mir begegnet, sondern den Jesus, der mir äußerlich bleibt, ein störender Fremdkörper. Ich muß jene Blasphemie begehen, die Jesus beging, als er ohne offizielle, von außen her kommende Machtbefugnis dem Gelähmten sagte: »Geh, deine Sünden sind dir vergeben«, und damit den Pharisäergott, der sich ihm mit dem Argument, es fehle ihm an der göttlichen Befugnis, in den Weg stellte, tötete. Das Tabu um den Namen Jesu muß gelüftet, der flache Jesus ohne Tiefe entweiht werden. Jesus soll mir zum Gottesbild werden, zu einem Symbol, dessen schon Bekanntes nur den einen Sinn hat, auf sein Unbekanntes hinzulenken: der bekannte Jesus auf den unbekannten Pharisäer, damit auch dieser Mensch werde.

Ich beschränke mich auf die Wiedergabe einiger Episoden der weiteren Spiegel-Kommunikation mit dem »dunklen« Jesus und halte mich dabei ans älteste Evangelium, an das Markusevangelium. Ich nähere mich ihm in der gleichen undogmatischen offenen Einstellung wie einem Traumbild.

Im dritten Kapitel bei Markus, kurz vor Jesu erster Auseinandersetzung mit den Schriftgelehrten, schreien unreine Geister Jesus zu: »Du bist der Sohn Gottes« (Markus 3,11). Was nehme ich in dieser Szene bei Jesus und mir wahr? Einen Anflug von Inflation: Sogar die feindlichen Mächte unterwerfen sich mir. Es soll gar keine Auseinandersetzung mit den unreinen Geistern in mir geben. Ebenso vage wie intensiv spüre ich *Macht.* Ich habe alles in der Hand. Mit meinem Geist be-mächtige ich mich aller unteren Geister. Die »Lichter im Unbewußten«, wie Jung diese nennt, werden zu verachteten Impulsen, die es, wann immer sie auftauchen, zu unterdrücken gilt. Und sie stimmen sogar selber in ihre Unterdrückung ein: Sie anerkennen die Übermacht meines Ich. Das ist der Gipfel meiner Macht. Ich stehe auf schlechtem Fuß mit ihnen. Wo immer ich ihnen begegne, treibe ich sie aus. Und ich begegne ihnen oft. Sie lassen sich also nicht einfach wegdeklarieren. Doch schon Gilgamesch wurde die hybride Verfeindung mit dem durch die Göttin Ischtar verkörperten Unbewußten zum Verhängnis. Sein Freund Enkidu, der die Verbundenheit mit Instinktwelt und Unbewußtem verkörperte, starb, und Gilgamesch verfing sich im einseitig männlichen Bewußtsein. Die unreinen Geister gleichen quecksilbrigen Erdmännlein, die dem Unbewußten, der Materie und dem Körper näher sind als mein Ich. Sie spielen verrückt. Ich möchte nicht, daß sie zum Bild, das ich von mir als Mann habe, beitragen. Sie sind mir zu primitiv. Das empfinde ich in einem Gefühl, das mehr der Identifizierung mit dem bewußten Jesus entspringt und noch kaum der Spiegel-Kommunikation mit seinem Schatten. Entsprechend abwehrend aggressiv ist meine Sprache.

In der Folge, nur zehn Verse hernach, konstelliert sich wie

erwähnt die erste Konfrontation Jesu mit einem anderen Männerkollektiv: mit den Schriftgelehrten. Ich stelle eine Beziehung zwischen ihnen und den unreinen Geistern fest. Beide haben sie mit Materiellem zu tun. Die unreinen Geister spritzen wie Funken aus der Matrix des schöpferischen Unbewußten. Durch ihren Ursprung sind sie zählebig und haben viel Zukunft, auch wenn noch mancher Jesus sie austreibt, ja gerade wenn ein Jesus sie austreibt. – Auch die Schriftgelehrten erlebe ich als »materiell«. Sie stehen auf dem Boden der Wirklichkeit. Sie sind für religiöse Struktur, Ordnung, Gesetz verantwortlich. Männer, die den bergenden Mutterschoß in klare Ordnungsstrukturen gewandelt haben, ebenfalls zur Geborgenheit. Sie sind dem Mütterlichen nicht unbewußt verfallen, sondern haben es in patriarchalischen Gesetzen und Moralvorschriften strukturiert. Jesus dagegen spaltet die unteren, »materialistischen« Impulse des Unbewußten – die Neigung zur Strukturierung – als unrein ab: die unreinen Geister. Er läßt sich nur vom »oberen Geist« des mütterlichen Unbewußten beflügeln: der Intuition. Doch beide – das obere »spiritualistische« und das untere »materialistische« Unbewußte – gehören zusammen. Spalten wir das obere Unbewußte ab, wie der Typos des Pharisäers, fehlt es an seelisch-geistiger Beweglichkeit und der Fähigkeit zur Wandlung. Spalten wir wie Jesus das untere Unbewußte ab, sind wir von allen bösen Geistern verlassen, das heißt, es fehlt uns an jener notwendigen Anpassung und Strukturierung des Alltags, welche die »Kinder dieser Welt« so gut beherrschen. Da Jesus von allen bösen Geistern verlassen ist, fehlt es ihm an Gespür für das Positive beim »bösen« Pharisäer, nämlich für die grundsätzliche Notwendigkeit von Normen und Strukturen. Ich spüre, wie sehr die Minderbewertung Jesu durch den Pharisäer und des Pharisäers durch Jesus eine Spaltung in der Persönlichkeit beider und in meiner eigenen auslöst. Die Energie, die den unbewußten inneren Gegensatz beleben sollte, fließt destruktiv in die Projektion des Sündenbocks. Jesus und der Pharisäer sind sich keine Nächste, sondern Fremdeste.

Das Interesse für Jesu dunklen Schatten hat den Schwerpunkt meines Interesses in Richtung des Pharisäers verlagert. Ich beginne von ihm her zu fühlen. Die ihm von Jesus verweigerte Anerkennung eines positiven Kerns, einer zwar noch nicht wirksamen, aber vorhandenen positiven Eigendynamik, tut mir weh. Es tut mir weh, daß ich den Pharisäer so lange verteufelt, das heißt die Strukturierung meines Lebens und Denkens bis vor wenigen Jahren unterbewertet habe, daß Intuitionen und beschwingende Ahnungen mir wichtiger als das Austragen und Ernten von Früchten waren, daß ich Kultur mit Angerührtsein verwechselt und oberflächlich brüchige Strukturen zur Beruhigung der unteren Geister und des inneren Pharisäers vorgeschoben, daß ich einseitig Bewegung mit Leben und Struktur mit Tod verbunden habe. Ich bin nun ganz und gar in die Spiegel-Kommunikation mit meinem dunklen Nächsten, dem Pharisäer, mit dem dunklen Gott in Jesus eingetreten: Ich bin der Pharisäer.

Ich möchte, daß Jesus einen Schritt auf mich zu macht, damit ich seine Berufung als Messias anerkennen könnte. Doch wenn er nicht für mich Messias sein will, muß ich ihn vernichten, aus Angst, es gebe für mich keinen Messias mehr. Weil er mich verteufelt, muß ich ihn zum Teufel schicken: Ich werfe ihm vor, er treibe durch den Herrscher der Dämonen die Dämonen aus (Markus 3,22). Aber eigentlich möchte ich mit ihm zusammen Staat machen: Er mit seiner hohen Berufung, mit seinem »oberen Geist« – der Stimme des Vaters von oben –, und ich mit meinem »unteren Geist« – dem Vater von unten –: den patriarchalischen Strukturen. Ihm mangelt es an Strukturen, mir mangelt es an Seele; zusammen könnten wir beseelte Strukturen schaffen. Doch allein ist jeder von uns verloren, jeder für sich in seiner Isolierung. Er: schließlich doch in seiner Kirche schlechten, für lebendige Zeichen undurchlässigen Strukturen ausgeliefert. Ich: schließlich doch zusammen mit den von mir so hoch geachteten Strukturen vom unbewußten inflatorischen Geist eines Führers zerstört.

Wer ist »er«, Jesus, in meiner Spiegel-Kommunikation? Er ist mein altes Ich, von dem ich mich abgesetzt habe, um es in den Augen des Pharisäers zu betrachten. Und wer bin ich, der Pharisäer? Mein neues Selbst, das ich schon lieben, aber noch nicht achten kann, weil es noch minderwertiger ist als mein altes Ich.

Jesus wird mir immer fremder. In der Szene mit dem Feigenbaum macht er mir sogar angst (Markus 11,12). Er will sich jetzt sogar die Natur willfährig machen, wie er vorher die unreinen Geister unterdrückt hat. Dabei ist es nicht die Zeit, in der die Feigen reif sind. Aber was nicht mit Jesus in seinem Rhythmus mitwächst, wird umgehauen. Er läßt mich nicht mitwachsen. Er will mich umhauen. Sicher bin ich von meiner sozialen, politischen und religiösen Stellung her mächtiger als er. Ich kann ihn tatsächlich umbringen. Aber seine Berufung, in die er mich nicht einbezieht, ist mitreißender als die meine. Seine Ankunft ist für mich vernichtender als mein Todesurteil über ihn. Ich habe keine anderen Mittel gegen ihn als Gesetze, Polizei, Militär, den Staat. Seine »Bewegung« jedoch kann mich auf tausend Wegen aufreiben, zermürben, auflösen. – Was hat Jesus mit diesem Feigenbaum zu schaffen? Warum läßt er ihn nicht gemäß den Gesetzen der Natur wachsen? Warum muß er sogar diese Gesetze in Frage stellen. Warum läßt er mir, der aus Gesetzen lebt, keinen Lebensraum?

Jesus verflucht den Feigenbaum, weil er zu der Zeit keine Früchte trägt, da er, der an Früchten Reiche, an ihm vorüber geht. Fehlt ihm nichts? Ich, der Pharisäer, fehle ihm, mit meinem Gefühl für geschichtlich Gewachsenes, mit meiner Achtung vor überlieferten Werten. Sicher, Jesus weist mich darauf hin, daß ich als Heuchler das Übernommene nur in äußerlichen, leeren Posen lebe. Doch wenn er gut zu mir wäre, könnte ich mich wandeln. Gut zu mir sein aber heißt: meine Heuchelei nicht als Bosheit, sondern als Schwäche sehen.

Es ist mir kein Trost, zu wissen, daß die Jünger über Jesu Tod hinaus auch seinen Schatten in die Zukunft tragen werden, daß sie die gleiche Ordnung schaffen werden wie wir, die Pharisäer, sie geschaffen haben, daß ich auch in der Kirche so lange meine Wiedergeburt erleben werde, als mich Jesus nicht als seinen Nächsten annehmen wird. Dies zu wissen ist mir kein Trost, denn ich will ja, daß er mich erlöst. Dann kann auch ich ihn erlösen.

Ich vermute, daß Jesus den Feigenbaum verflucht hat, weil er vor mir Angst hat, kündigt er doch gleich hernach seinen gewaltsamen Tod an. Ein Feigenbaum, der gerade keine Früchte trägt, kann in ihm die Angst vor einem gewaltsamen Tod wecken. Es stimmt, daß ich keine Früchte trage. Aber bedeutet dies, daß ich ihn, der Früchte trägt, umbringen will? Indem er den Feigenbaum zum Verdorren bringt und mir das Recht auf Leben verweigert, beschwört er seinen eigenen Tod herbei. Durch sein gewalttätiges Reden und Tun fordert er die Rache des Gewachsenen und Etablierten heraus. Ich kann ihn nicht mehr vor seinem eigenen Tod retten: Er will, daß ich ihn umbringe.

Es geht nicht an, daß er die verantwortlichen religiösen Führer seines Volkes, daß er mich als Heuchler, Tor, Blinden, Sohn der Hölle, geweißtes Grab, Totengebein, Unrat, Schlange, Natter, blinden Führer bezeichnet. Kein Beamter kann sich solche Beleidigungen gefallen lassen. Ich ziehe es vor, meine alte Rolle zu behalten, als gar keine mehr zu haben, wie Jesus es möchte. Es ist zu spät für eine Verständigung. Die Polarisierung hat die Schwelle überschritten, von der aus es noch eine Rückkehr in die »Vereinigung der Gegensätze« geben könnte. Jesus hat mich verpaßt. Sein Tod wird auch für mich, den Verpaßten, Zeichen sein.

Von diesem Punkt an sprengt die Spiegel-Kommunikation den Rahmen des Evangeliums. Während Markus in dramatischer Folge die beiden Antagonisten, Jesus und den Pharisäer, immer unerbittlicher gegeneinander aufstehen läßt und den vordergründigen Sieg des zweiten als paradoxen Sieg des ersteren darstellt, vollzieht sich in mir die gegenteilige Bewegung: Mein altes »Jesus-ohne-Schatten-Ich« nähert sich dem Pharisäerschatten, in dessen Tiefe sich das neue Selbst verbirgt, nämlich der neue höchste Wert, der mein Leben in nächster Zeit zu bestimmen und zu zentrieren hat. Ich will dem Leser nur andeuten, worum es geht: Meine seelische Lebendigkeit hängt seit einiger Zeit und wahrscheinlich noch für eine weitere Zukunft davon ab, ob es mir gelingt, meine Intuitionen, Ideen, Sehnsüchte wie eine Saat in die Erdfurche der konkreten Bezüge und Aufgaben zu werfen, damit diese wachsen, gedeihen und Früchte tragen. Der fernschweifende Sohn will zum Vater seiner selbst und anderer werden. Nicht die Erstarrung in fremden Strukturen ist damit gemeint, sondern die seelische Fruchtbarkeit in passenden Strukturen. Die ausgeworfene Saat verdorrt, wenn sie keinen Acker findet, in dessen Furche sie sich fallen lassen kann. Ebenso wird der Acker unnütz, wenn er nicht befruchtet wird. Jesus ohne den Pharisäer ist eine Idee, die ungehört verhallt. Der Pharisäer ohne Jesus eine Struktur ohne innere Dynamik.

Ich glaube nicht, daß die Integration des Pharisäers bloß das Problem weniger einzelner ist und sich der Sinn dieses Kapitels in der exemplarischen Darstellung der Spiegel-Kommunikation mit einem verkannten dunklen Gottesbild ganz erfüllt. Sicher ging es mir in erster Linie um letzteres. Doch ist nicht zu übersehen, daß die Integration des Pharisäers durch Spiegel-Kommunikation eine große kollektive Aufgabe darstellt, so paradox dies zunächst klingen mag, scheinen wir doch eher von Überstrukturierung bedroht als vom Mangel an Strukturen. Doch gerade in dieser Organisierung und Verplanung des Menschlichen offenbart sich der Mangel an Strukturen, die vom Individuationsgeist geschaffen und getragen werden. Der *abgespaltene Pharisäer* ist als Typos *Symptomfigur* für die überhandnehmende seelenlose Durchstrukturierung aller menschlichen Bereiche. Der nicht mehr minderbewertete, sondern entwickelte, *integrierte Pharisäer* dagegen *Symbolfigur* für eine Struktur, deren Sinn immer wieder an der Erfüllung der ihr eigenen Dynamik beurteilt würde. In einer Zeit des Zerfalls von Normen, Werten, Sprache, kulturellen und religiösen Strukturen fällt es schwer, an den guten Kern des Pharisäers zu glauben. Die in diesem Kapitel dargestellte Spiegel-Kommunikation fiel auch mir nicht leicht, und ich ersehe aus dem Geschriebenen, daß sie noch in der Anfangsphase steht. Es wäre manchmal einfacher, der Neigung zur Verabsolutierung von »Bewegung« und Dynamik nachzugeben. Doch diese würden bald erlahmen und ihrer eigenen Ungeschichtlichkeit erliegen. Jesus braucht den Pharisäer.

Dieses Kapitel will die Auseinandersetzung mit der Dunkelheit im christlichen Gottesbild in den Rahmen der christlichen Kirchen hineintragen. Wie ist der kirchliche Machtkomplex mit dem von der Theologie geforderten »Tod aller Götter der Macht« vereinbar? Warum die Minderbewertung des engagierten, verantwortlichen Handelns? Und gibt es eine »notwendige Schuld«? Kann unter Umständen der auch öffentliche Bruch mit einem alten Gottesbild gefordert sein? Fragen, denen wir jetzt nachgehen werden.

Jung stellt in seiner »Antwort auf Hiob« – wie im letzten Kapitel erwähnt – den seelischen Kampf Hiobs mit einem ungerechten, wankelmütigen, tyrannischen Jahwe meisterhaft dar. Hiobs Dialog wandelte dieses alte Gottesbild auf die Menschwerdung des Sohnes, der »unbedingt gerecht« sein mußte, hin[66]: ins Spiegelbild von Hiobs neuem Selbst. Er bereitete das »Gottesbild des menschlichen Nächsten« vor, dessen Individuationsdynamik wir noch keineswegs ausgeschöpft haben, sicher nicht in bezug zum Pharisäer-Nächsten. Die entsprechende Spiegel-Kommunikation mit Jesus hat in den christlichen Kirchen bis heute noch nicht stattgefunden. Die Gläubigen haben sich mit Jung im Blick auf ihr einseitig helles, gutes, bewußtes Gottesbild zu fragen: »Wo ist denn seine Dunkelheit hingekommen ...?«[67]

Wer ist der dunkle Jesus? Eine wirkliche seelische Wandlung einzelner Christen ist nur von der Antwort auf diese Frage zu erwarten. Falls eine solche Wandlung erfolgt, werden Theologen nicht mehr – wie Sölle schreibt – »theologische Playboys sein, die durch das, was sie für Glauben halten, daran gehindert werden, erwachsen zu werden«, worunter Sölle versteht: »Verantwortung übernehmen«[68]. Nur der Kampf mit dem dunklen Gott macht erwachsen, das heißt verantwortungsvoll. Denn er fordert das moralische Urteil jenseits der im hellen Gottesbild einfach vorgegebenen Norm heraus. Die sogenannten *»ekklesiogenen Neurosen«* – ein Widerspruch zur Zielsetzung der Religionen, nämlich der Heilung des Menschen – entstehen in den meisten Fällen aus der Übermacht eines seelenlos durchorganisierten, also »pharisäischen« Christentums, das nur das Bewußtsein anspricht und in einen schroffen Gegensatz zu unbewußten Individuationsimpulsen treten kann, was einen neurotischen Konflikt zur Folge hat. Sie sind Symptome für die in den Kirchen verbreitete Neigung, Verantwortung an die Autorität zu delegieren: an den Pharisäer. Eigenverantwortung wird keinen »Infantilismus der Laien« mehr zulassen, die beim Klerus politische Ratschläge suchen, keine Kirche zur Angstbeschwichtigung, Existenzsicherung, zur »Flucht vor der Wirklichkeit und den Widrigkeiten des Lebens«[69], kein Ausweichen vor dem wirklichen Kreuz, nämlich der ungeschützten Selbstverantwortung.

Warum den Geist gegen den Buchstaben ausspielen? Jesus gegen den Pharisäer? Gibt es nicht auch den lebendigen Buchstaben, das lebendige Zeichen? Im Tantrismus zum Beispiel sind Buchstaben energiegeladene, geisterfüllte Symbole. Paulus ist seinem Saulus noch nicht ganz entronnen, sonst müßte er nicht das ihm vorher so liebe Gesetz – die von Gott gegebene Struktur – entwerten. Und auch Jesus ist noch zu nahe beim Pharisäer, als daß dieser sein Nächster werden könnte. Was für Paulus und Jesus einem Entwicklungsgesetz ihres Lebens entsprach: der Umschlag ins Gegenteil, wäre für uns lebenshemmend.

Die Abwehr des Pharisäers als Heuchler hat bei Jesus angefangen. Jesus hat ein zwar in der damaligen geschichtlichen Situation notwendiges, aber einseitig abwehrendes Feindbild vom Pharisäer entworfen: Der Pharisäer wurde denn auch zum Schatten der Kirchengeschichte. Noch nie hat es »zum guten Ton« in den Kirchen gehört, auch den Pharisäer zu vermenschlichen, zu individualisieren. Zu sehr sind die Christen noch mit dem unbewußten Machtanspruch – mit dem Pharisäerschatten – identisch. Des Judas hat man sich vor allem in den letzten Jahren freundlicher angenommen. Die Pharisäer dagegen werden bis zum heutigen Tag mit »heiligem Zorn« und numinoser Entrüstung abgelehnt. Ich erinnere an Pasolinis großartigen Film ›Das Evangelium nach Matthäus‹.

Warum die Leidenschaft, mit der viele immer wieder mit der Nase auf diese Figur stoßen? Was bedeutet der unermüdlich wiederholte Versuch, »die Pharisäer« zu stürzen? Gleicht dieser Vorgang nicht verblüffend einem neurotischen Abwehrmechanismus und Wiederholungszwang? Wie oft geschieht es in einer Analyse, daß der Analysand, zur Abwehr der Spiegel-Kommunikation, den Analytiker mit Mutmaßungen und Phantasien über seine Person überfällt! Dies ist für letzteren aufschlußreich, lernt er doch den Schatten seines Gegenübers kennen. Desgleichen offenbart der Pharisäer als fixe Idee eines Christen dessen Schatten. Jeder will der demütige Zöllner, keiner der auftrumpfende Pharisäer sein. Gerade dadurch aber wird der Zöllner zum Pharisäer.

Warum führt die Theologie vom »Tod aller Götter der Macht in Jesus« nur in Ausnahmen zur Verlebendigung der offiziellen Kirche? Warum bekommen gewisse ihrer Formulierungen mit der Zeit etwas zwanghaft Stereotypes? Bedeuten nicht auch sie oft geschliffene Rationalisierungen der eigenen Machtprojektionen? Und warum die Aggressionen, wenn wie durch Zufall ein Theologe oder sonstiger Kirchenmann eine starke, machtvolle Persönlichkeit an den Tag legt? Warum wird echte Macht so schlecht ausgehalten? Und welche Lust erleben manche katholischen Kleriker in der immer wieder neu von ihnen geforderten Unterordnung unter einen lehramtlichen oder disziplinarischen Befehl? Ist es nicht die Psychologie des Unterworfenen, der sich mit dem Unterdrücker identifiziert und daraus Lust gewinnt? Und warum ist sogar dem Bultmann-Epigonen nach erfolgreicher Entmythologisierung der Name Jesu so heilig, daß zum Schluß wie durch Spuk der ganze wissenschaftliche Elan sich selber aufzuheben scheint? Warum macht die Spiegel-Kommunikation vor der Person Jesu halt? Und warum der eklatante Mangel an Loyalität bei einem Teil des katholischen Klerus, wenn autoritär über einen Mitbruder entschieden wird? Wo findet man soviel Untreue bei den »Kindern dieser Welt«? Wo wird der Typos des Pharisäers mit soviel Geschick gefördert und vertuscht wie in der Kirche, die ihn seit 2000 Jahren als dunklen Hintermann hinter sich nachzieht? Sollten sich nicht auch die Theologen des verborgenen Machtschattens im Jesus-Typos annehmen? Das wäre die Auflösung der eindimensionalen, allein bewußten Ohnmacht-Theologie und gleichzeitig der Anfang einer neuen Lebendigkeit.

In der christlichen Kirche gibt es nur wenige Bewegungen und Persönlichkeiten, welche die beiden Gegensätze, die den religiösen Menschen ausmachen, nämlich religiöse Lebendigkeit, das heißt unmittelbare, irrationale Ergriffenheit durch ein Gottesbild einerseits, und dessen situationsbezogene Realisierung andererseits zu vereinen verstanden. Mystik oder Dogmatik, Frömmigkeit oder Politik, inneres Feuer oder äußere Geschäftigkeit, ein typisch christliches, aber falsches Dilemma. Typisch auch schon für Jesus. Für ihn hat Maria den besseren Teil erwählt als Martha. Er vertritt stärker, wenn auch keineswegs ausschließlich, den Pol der emotionalen Ergriffenheit durch das Gottesbild als den der Strukturierung. Jesu Gleichnisse, Worte, Gebote wirken auf viele Menschen so konkret, weil sie in unmittelbarer Betroffenheit vom Gottesbild her geprägt wurden: Es sind treffendste Intuitionen. Aber die in der Kirchengeschichte so unterschiedlichen, oft total gegensätzlichen Deutungen der Botschaft Jesu erweisen ihn als einen Visionär, dessen Traumbilder – dank der tiefen Verbindung zum »oberen Geist« des Unbewußten – suggestiven Charakter haben. Alle Versuche, visionäre Ergriffenheit direkt in visionäres Handeln unter Umgehung der realistischen Spiegel-Kommunikation umzusetzen, sind zum Scheitern verurteilt. Auch wenn sie eine Zeitlang zu funktionieren scheinen, zeigen sie doch sehr bald die ihnen eigene Schwäche, die der Schwäche des heiligen Einsiedlers Cölestin auf dem Papstthron gleicht, der von den kurialen Pharisäern, seinen Beratern, handlungsunfähig gemacht wurde, so daß er wieder in seine Einsiedelei zurückflüchtete.

Der Pharisäer bleibt allgegenwärtig, aber unbewußt. Man wählt Worte, die zu seiner Abwehr passen. Man spricht mit abwertendem Unterton vom Buchstaben statt vom Symbol, von praktischem Christentum statt von Selbstverwirklichung, von karitativer Hilfe statt von Mit-teilen. Das religiöse Erleben ist wertvoll, die christliche Praxis dagegen eine Pflicht. Die Feierstunden entbehren des sinnlichen Genusses und der Bezogenheit auf den Alltag. Und der Alltag entbehrt jeder Feierlichkeit. Jesus ist zu feierlich und der Pharisäer zu berechnend realistisch.

Wir haben eine alte Schuld gegenüber dem Pharisäer abzutragen. Vermögen wir uns in seinem Bild wiederzuerkennen, ist die Schuld eine glückliche: Er wird sich in unseren Nächsten wandeln, und an Stelle der Heuchelei wird ein Hauch von Leben die ihm heiligen Gesetze und Strukturen durchwehen und verändern. Seine Machtgier wird der Anerkennung von Jesu Geist weichen, dem er Körper sein will.

Nebst der zu begleichenden gibt es eine *notwendige Schuld*, die wir auf uns zu nehmen haben. Wer einem durch Tradition und Gewohnheit verbürgten Gottesbild mit dem Anspruch entgegentritt, neben der Helligkeit und Heiligkeit auch sein Dunkles und Wildes zu suchen, wer sich also nicht damit begnügt, den Glanz auf der Oberfläche des anziehenden Sakralbildes zu betrachten, sondern auch in seine beunruhigende Tiefe Einblick sucht, empfindet zunächst sein Tun als Schuld und Last. Je stärker dieses Empfinden, desto unbestechlicher gilt es in der Spiegel-Kommunikation mit dem finsteren Hintergrund des Bildes standzuhalten, wie Jakob in seinem nächtlichen Kampf mit dem Engel. Wenn der Morgen tagt, das heißt, wenn wir so viel vom Dunklen aufgehellt haben, wie es uns möglich war, wird die Schuld zu einer glücklichen. Wir sind zwar nicht von ihr reingewaschen, aber das Gottesbild hat seinen Schoß geöffnet und unser neues Selbst geboren.

Folgender Traum eines katholischen Priesters handelt von der notwendigen Schuld. Ich gebe ihn in seinen eigenen Worten wieder:

»Ich stehe in meiner Pfarrkirche am Altar, um die Messe zu feiern. Auf einmal bemerke ich, daß ich splitternackt bin. Ich schäme mich sehr und will den Gottesdienst abbrechen. Da höre ich deutlich eine Stimme, die ruft: ›Dies eine Mal noch!‹ Ich verstehe die Stimme als Aufforderung auszuharren. Zur Predigt trete ich voller Scham ans Mikrophon und wiederhole folgende vier Worte: ›Dies eine ist wichtig. Dies eine ist wichtig.‹ Nach Ende der Messe, gerade als ich den Kirchenchor verlassen will, tritt eine alte Frau auf mich zu und sagt: ›Wir haben leider nichts von alledem verstanden, was Sie erzählt haben. Das Mikrophon war nicht eingeschaltet.‹ Ich bin überrascht, daß offensichtlich niemand meine Nacktheit bemerkt hat, und erwache.«

Dieser Priester fühlte sich von seiner Gemeinde nur »verstanden«, wenn er dem Bild des Gemeindepfarrers entsprach. Immer schärfer erlebte er den Kontrast zwischen seinen nackten Gefühlen, derer er sich wie im Traum meist schämte, und den Zeremonialgewändern, die ihm seine Gemeinde Tag und Nacht überwarf. Projektionen, die ihm das eigene Leben raubten und ihn sich selbst zum Fremden machten. Die Gemeinde sah ihn nicht und hörte seine Stimme gerade dann nicht, wenn er ihr das »einzig Wichtige« mitteilte. So war er sehr einsam trotz seiner zahlreichen seelsorgerlichen Kontakte.

Nach und nach machten sich beunruhigende Depersonalisationserscheinungen bemerkbar. Träume, die alle um den drohenden Identitätsverlust kreisten, tauchten auf. Die intime Beziehung zu einer Frau brachte keine Abhilfe, weil nun er selber es war, der sich im unsichtbaren Talar erlebte. Außerhalb der sexuellen Begegnung blieb er nach wie vor unlebendig. Im Traum nun hört er eine *Stimme.* Solche Stimmen sind bei Berufungserlebnissen häufig, zum Beispiel bei den jüdischen Propheten und Jesus. Sie machen auch in den Träumen auf eine notwendige Wandlung der Persönlichkeit aufmerksam. Auch das Gewissen wird oft als Stimme Gottes bezeichnet. Alles wirklich Numinose wird als Anruf erlebt. Jung schreibt: »Die mythische Aussage des Gewissens, daß es eine *vox Dei* sei, gehört unabdingbar zu seinem Wesen als Begründung seines Numens.«[70]

Paradox und für den Träumer nach dem Erwachen beunruhigend ist, daß die *Botschaft »Gottes«* impliziert, er solle nach diesem einen Mal die Kirche als Gemeindepfarrer nicht mehr betreten. »Dies eine Mal noch« jedoch ist anders als »alle Male« zuvor: Er muß ein einziges Mal den Mut aufbringen, mit seiner eigensten Persönlichkeit nackt und bloß vor die Gemeinde zu treten und nicht in seiner Rolle als Pfarrer, als bloße »Persona«. Dabei wird es sich erweisen, ob die Beziehung zu seiner Gemeinde und ihm eine »von Gott gewollte«, das heißt zentral von einem beide Partner bewegenden gemeinsamen Gottesbild her gelenkt und orientiert wird, ob beide sich in der gleichen Nacktheit erkennen und finden.

Das Wort »Persona« bedeutet die Maske des Schauspielers im alten Rom. Eine alte Volksetymologie verbindet es mit dem Wort »per-sonare«, hindurchtönen: Die eigene individuelle

Stimme soll durch die Maske hindurchtönen. Es gab in der römischen Komödie einen festen Kanon von Maskentypen, etwa den alten Lüstling oder betrogenen Ehemann, ähnlich wie es noch heute durch Berufsbilder bestimmte Rollen gibt: einen Kanon von »Berufs-Personae«. Die Pfarrer-Persona ist wohl eine der ausgeprägtesten; die innere Stimme vermag sie oft kaum zu durchstoßen und nach außen zu tönen. Dann erstickt sie aus Mangel an Echo; das Selbst ist sprachlos geworden. Die Maske des modernen Redners ist das Mikrophon, das den individuellen Charakter der Stimme verflacht: ein Transformator ins Kollektive. Im Traum ist das Mikrophon ausgeschaltet: Es muß sich zeigen, ob seine nackte Stimme in die Ohren seiner Gemeinde durchzudringen vermag. Dies gelingt ebensowenig wie die Wahrnehmung seiner körperlichen Nacktheit durch die frommen Kirchenbesucher. Es findet keine Spiegel-Kommunikation statt: Das Bild seiner Blöße wird von diesen abgewehrt und ausgeblendet.

Der zentrale Kommunikationsmangel wurde dem Priester infolge dieses Traumes tragisch bewußt. Um seines »Seelenheils« willen mußte er nach diesem einen Mal das kirchliche Amt verlassen. »Gottes Stimme« war es, die ihn dazu aufforderte, die gleiche, die ihn zehn Jahre zuvor in dieses Amt gerufen hatte. Beide waren im gleichen Sinne »Gottes Stimme«, nämlich unbedingte Aufforderung zum jeweils unerläßlichen Individuationsschritt. Das erste Mal zielte sie auf den jungfräulichen Mann, der – vom Modell der Spiegel-Kommunikation aus gesehen – mit seiner Zurückhaltung vor der Welt die zentrale, aber noch unbezogene und unverarbeitete Ergriffenheit symbolisiert. Das zweite Mal forderte sie ein neues Selbst heraus, das sich in der Welt »verkörpert« und das integrierende Begreifen symbolisiert.

In der Folge nahm der Träumer »in Gottes Namen« die notwendige Schuld auf sich und verließ sein priesterliches Amt.

»Der schuldige Mensch ist geeignet und darum ausersehen, zur Geburtsstätte der fortschreitenden Inkarnation zu werden, nicht der unschuldige, der sich der Welt vorenthält und den Tribut ans Leben verweigert, denn in diesem fände der dunkle Gott keinen Raum.«[71]

Wir versuchen in diesem letzten Kapitel die gemeinschaftsbildende Funktion des Gottesbildes näher zu verstehen. Die Kirchen bedeuten für viele mehr Isolierung als Öffnung, mehr Asyle gegen wahrhaftige Gemeinschaft als Bereiche der *wirbezogenen Selbstverwirklichung*. Dabei fordert gerade die Vieldeutigkeit der biblischen Symbolsprache das gemeinsame Bemühen der Christen heraus, durch die Spiegel-Kommunikation vieler zu einer möglichst umfassenden christlichen Botschaft zu gelangen. Spiegel-Kommunikation mit einem Gottesbild bedeutet ja immer Spiegel-Kommunikation mit Menschen, die von diesem gleichermaßen geprägt sind. Der einzelne ist auf die vielen angewiesen, um den Anruf und Anspruch des Gottesbildes so vielseitig zu verstehen, daß ein neues Selbst aus ihm geboren werden kann. Auch wenn die Spiegel-Kommunikation mit dem Gottesbild nicht bei allen Christen zu den gleichen Selbst-Einsichten führt, ist sie doch ein gemeinsamer Weg mit einem gemeinsamen Ziel: das Innewerden des Gottesbildes in seiner kollektiven Dimension, die einzige Form von tiefenpsychologisch vertretbarer Ökumene. Denn dies muß zu guter Letzt betont werden: Nicht nur die durch die Religionen kodifizierten Gottesbilder sind Gemeinschaftsbildungen. Auch die individuellen Gottesbilder erhalten ihre Tragfähigkeit erst im Kollektiv: Sei es, daß die Gemeinschaft durch das neue Gottesbild eines einzigen gestiftet wird, wie die Kirche, sei es, daß der einzelne Anschluß an eine Gemeinschaft findet, die sein Gottesbild im wesentlichen teilt.

Da die Amtskirchen nur selten Freiräume zur unbefangenen Spiegel-Kommunikation bieten, braucht es »heilige Bezirke« zwischen der Kirche und der säkularisierten Gesellschaft. Der Clown ist die Symbolfigur solcher Zwischenräume. Einerseits entwickelt der einzelne in diesen sein seelisches »Tiefen-Diagramm«, sein Selbst-Muster, andererseits entsteht durch die Spiegel-Kommunikation vieler mit dem gleichen Gottesbild Gemeinschaft. Letzterer Prozeß tritt an die Stelle der bis zum Beginn der Neuzeit vorgegebenen »Sakralsozialisation«, die dem einzelnen nicht mit Hilfe von Symbolen im individuellen Rohzustand, sondern mit bereits verarbeiteten Symbolen die Richtung wies. Diesen Zusammenhängen werden wir in diesem Kapitel nachgehen. Es schließt mit einem Exkurs über die Spiegel-Kommunikation mit einem heute bei vielen Menschen konstellierten Gottesbild, nämlich dem Symbol der Zweigeschlechtlichkeit.

Freud forderte seine Patienten jeweils zu Beginn der »Kur«, wie er die Psychoanalyse zu nennen pflegte, eindringlich auf, ihm auch immer alles zu sagen, was in den Sinn kommt, und gerade das Allerpeinlichste. Er begründete seine Aufforderung mit einem Vergleich: Die verschwiegene, unangenehme Erinnerung ist wie ein Platz in einer Stadt, welcher der polizeilichen Gewalt nicht untersteht. Auf einem solchen Platz nun sammelt sich, das ist leicht einzusehen, alles lichtscheue Gesindel an. Ähnlich bildet sich in der Analyse um das verschwiegene kleine Detail eine Traube von verwandten Peinlichkeiten, die ebenfalls verschwiegen werden. Die Widerstände wachsen, und der wichtigste Komplex bleibt im Dunkeln. Die Analyse, die dann keine mehr ist, wird zum Asyl gegen die eigene Seele.

Zu solchen Plätzen sind im sozialen Bereich leider für viele die Kirchen geworden: Asyl seltener für politisch Verfolgte als für Menschen mit Angst vor der eigenen Lebendigkeit. Dieser unangenehmen Einsicht kann sich der Psychotherapeut nicht verschließen. Mehr als bewußte Angaben, wie sie zum Beispiel Statistiken erfassen, geben Träume Auskunft über unbewußte Motivationen der Kirchenzugehörigkeit. Zwar werden dem Therapeuten auch Träume erzählt, in denen die Kirche als ein bergender, warmer, heller Raum erscheint, wo seelisches Leben entstehen und wachsen kann. Doch bezeichnenderweise stammen solche Träume fast ausschließlich von Menschen, die den offiziellen Kirchen ferne stehen. Viele praktizierende Christen dagegen erleben die Kirche in ihren Träumen entweder als Gebäude, das einengt, gar zusammenbricht, oder als Ort, wohin man vor der Bewältigung notwendiger Lebensaufgaben flüchtet.[72] Zur Veranschaulichung des letzten Musters gebe ich die zweite Sequenz des Traumes eines zweiundfünfzigjährigen Mannes mit dessen eigenen Worten wieder. Er folgt auf eine erste Traumszene, die gezeigt hat, wie der Träumer unter dem strengen Über-Ich-Auge eines »Kontrolleurs« zu feige ist, um seinem sexuellen Antrieb nachzugeben, und wie er außerdem seinen Familienpflichten, Verantwortung für Frau und Kinder, aus dem Wege gehen möchte. Es gibt nun einen unvermittelten Szenenwechsel, der die Flucht als Ausweichmanöver noch unterstreicht:

»Plötzlich befinde ich mich in einer Kirche voller Leute, die hell mit Lampen erleuchtet ist. Ohne meiner Frau und meinen Kindern etwas zu sagen, habe ich mich entfernt, um den Sonntagsgottesdienst zu besuchen. Ich befinde mich auf einer Seitenempore der Kirche, vor mir Leute an der Brüstung. Ich habe ein schlechtes Gewissen, weil ich mich von meiner Familie heimlich fortstahl und sie mich jetzt vergeblich suchen.«

Dieser Mann, engagierter Christ, hätte im Bewußtsein die Kirche nie und nimmer als einen Ort bezeichnet, wohin er vor seinen »Familienpflichten« flüchtet. Kirche war für ihn die Institution, welche die Beziehung zu Gott und tragenden Werten vermittelt und wo der Mensch eine seelische Heimat findet. Wenn ich ihm vor dem Traum auf den Kopf zugesagt hätte, die Kirche bedeute für ihn ein Versteck vor der Verantwortung des Erwachsenen, hätte er daraus gefolgert, ich habe einen antireligiösen und -kirchlichen Affekt. Nun aber lag der Traum zur beidseitigen Ansicht zwischen uns da, und seine früheren theologischen Argumente, die Sinn und Wert der Kirche erhärtet hatten, erwiesen sich als Rationalisierungen mit Hilfe von Angelerntem.

In diesem und ähnlichen Träumen fällt auf, wie feste biblische Muster manchmal übernommen, aber in ihre gegenteilige Bedeutung umgepolt werden, so hier das Motiv vom Jesusknaben, der sich vor seinen Eltern davonstahl, um in den Tempel zu gehen, weil er »in dem sein mußte, was seines Vaters ist«, das heißt zur Erfüllung seiner Lebensaufgaben und nicht zur Flucht vor diesen. Die Autorität des Bibelwortes wird zur Stützung des eigenen neurotischen Verhaltens mißbraucht. Und in der Tat benützen auch im Wachleben viele religiöse Menschen das »Wort Gottes« zur Erhärtung des »Wortes ihrer Neurose«, paradoxerweise oft gerade im umgekehrten Sinn des Bibelwortes. So wird einmal mehr ersichtlich, daß das neurotische Symptom raffiniert all jene Elemente mit einbezieht, die zur Selbstverwirklichung gehören: Es äfft das Symbol nach, um das Bewußtsein zu täuschen. Sicher muß auch mein Analysand »in dem sein, was seines Vaters ist«, aber im Dialog mit dem zukunftsweisenden Vatergott, um selber »Vater«, selbstverantwortlicher Mann zu werden. Sicher hat dies in einem mandalagleich bergenden »heiligen Bezirk« zu geschehen.

Neurose und Individuation unterscheiden sich nicht in ihren Elementen, sondern einzig in ihrer Zielrichtung. Die Individuation ist Ausdruck der Eigendynamik, die Neurose dagegen verkrustete Struktur zu deren Abwehr. Kirche als Mutterschoß zur Wiedergeburt im Selbst, oder Kirche als Mutterschoß zur Regression in Unbewußtheit und Verantwortungslosigkeit. Das gleiche Bild, das eine Mal als Zielbild zur Spiegel-Kommunikation, das andere Mal als Fluchtbild zur Symbiose. Die religiöse Aussage wird zur Heiligsprechung der Neurose verwendet und trägt so zu deren Fixierung bei. Man versteht nun besser, warum die Religionen neurotische Menschen so sehr anziehen. Sie finden in den religiösen Bildern und Sätzen eine ungeheure Resonanz für ihre neurotische Störung. Auch dieser Zusammenhang macht offensichtlich, daß kein faszinierendes Gottesbild aus sich heraus schon »Seelenheil« bewirkt. Dieses hängt von der Einstellung des Bewußtseins zu ihm ab. Kann das Bewußtsein in Spiegel-Kommunikation mit dem Gottesbild treten, werden Selbst-Erfahrung, Heilung, Individuation die Folgen sein. Benützt es das Gottesbild jedoch zur Verherrlichung und Rationalisierung der Neurose, erfährt diese dadurch einen heillosen Machtzuwachs.

Biblische Aussagen über das in Jesus verkörperte Gottesbild weisen, wie ich wiederholt festgestellt habe, keinen eindeutigen Charakter auf. Sie sind ebenso vieldeutig wie alle anderen Gottesbilder. Sie sind es sogar in einer gefährlicheren Art, weil zum Beispiel bei den Mythen der interpretationsbedürftige Charakter von allen fraglos eingesehen wird, während die Bibel oft den Anschein eindeutiger und konkreter Richtlinien erweckt. Das konkretistische Symboldenken hat in der Kirchengeschichte viel Unheil gestiftet. Ich erinnere an die sich auf die Bibel stützenden Begründungen der Kreuzzüge, der Inquisition, der Hexenverbrennungen und Religionskriege oder an die Ausschlüsse aus der kirchlichen Lehrtätigkeit in unserer Zeit. Allemal nahm man das biblische Gottesbild zu Hilfe, nicht zur spiegelkommunikativen Weckung des tiefen Wissens im Selbst, sondern zur autoritären Stützung des bewußten Standpunktes. Es gibt kaum eine biblische Aussage, die nicht auf verschiedenste, widersprüchlichste Art gedeutet wurde. Ich spreche hier nicht von der exegetischen Deutung, sondern von der Umsetzung in die Praxis. Gerade die symbolische Tiefe des Gottesbildes macht ja seine Fruchtbarkeit aus. Eine eindeutige Bibel wäre vergessen und verstaubt; niemand würde mehr das »Buch der Bücher« aufschlagen. Sogar die ungeheure Individuationsdynamik im Menschen Jesus, wie auch im jüdischen Volk die »Sozialisationsdynamik«, die jene vorbildet, vermitteln in ihren konkreten Einzelheiten, Äußerungen, Zielsetzungen für den Leser der Bibel keine eindeutigen Botschaften. Das illusorische Erlebnis der Eindeutigkeit in der ersten Begegnung mit einem Bibelwort stammt entweder aus einer unbewußten Identifizierung mit dessen numinosem Inhalt, was ein der Ambivalenz des Symbols entsprechendes, zweideutiges und widersprüchliches Verhalten nach außen – eine doppelte Botschaft mit einem bewußten und einem gegenteiligen unbewußten Signal, Jesus und der Pharisäer – zur Folge hat, oder dient der Bestätigung der neurotischen Struktur. Es gibt in der Tat nur *einen* Weg, um aus den Impulsen eines Gottesbildes zu eindeutigem Denken, Fühlen und Handeln zu gelangen, nämlich die Spiegel-Kommunikation mit ihm, die zwar dessen Vieldeutigkeit nicht auflöst, diese jedoch in das mir jetzt mögliche und für meine Individuation richtige Verständnis umsetzt. Nur die Spiegel-Kommunikation kann den Umgang mit der Religion aus der Sackgasse führen. Der Gläubige hat keine Psychologisierung Gottes zu befürchten, im Gegenteil: Die Spiegel-Kommunikation hebt überlebte Gottesbilder auf, so daß der geheimnisvolle Gott in einem neuen Bild von weiter vorne aus dem Dunkeln rufen kann. Gott wird wieder zum verborgenen Gott.

Bieten unsere Kirchen Räume, in denen sich Menschen in so zentraler, herzlicher, offener, unbefangener, geistig wacher und kritischer Weise begegnen, daß hier durch die Spiegel-Kommunikation vieler einzelner mit dem gleichen Gottesbild in der Gemeinschaft ein vom kollektiven Kern des Selbst her gelenktes gemeinsames Denken, Fühlen und Handeln entstehen kann? Ich spreche hier nicht von der therapeutisch eingesetzten Spiegel-Kommunikation, sondern von jener Selbstwahrnehmung im Du, die überall stattfinden kann, wo Menschen den klaren Blick nach außen mit dem tiefen Blick nach innen zu verbinden wissen, überall, wo Gefühle und Gedanken, Liebe und Verstehen nicht getrennte Dinge sind, sondern ständig eins ins andere übergehen. Öffnen unsere Kirchen solche Freiräume für Begegnungen, welche die einzelnen in die Individuation und im gleichen Zug die vielen in die Gemeinschaftsbildung führen könnten?

Für die offiziellen Kirchen muß diese Frage, von Randgruppierungen abgesehen, leider verneint werden. In den Pfarrgemeinden ist noch nicht der »Hohlraum« entstanden, den die »Erledigung der Gott-Hypostase«[73], wie Ernst Bloch sich ausdrückte, hinterlassen würde. Im Gegenteil, in den letzten Jahren sind die sich gegenseitig bedingenden und stabilisierenden Faktoren des Sicherheitsbedürfnisses der einen und des Machthungers der anderen eher stärker geworden. Die »Gott-Hypostase« erlebt eine Wiedergeburt. Doch könnte eine Weltkirche auch den Geist eines mutigen und freien Dialogs in der Gesellschaft verbreiten. Ordnungsfunktionen allein geben ihr keine Daseinsberechtigung. Unsere Kirchen haben Jesu Pharisäerschatten noch nicht ins richtige Licht gerückt. Sie schwanken zwischen Selbstüberschätzung und Machtinteressen, zwischen Jesus, der böse Geister unterwirft, und dem Pharisäer, der »das Volk unterdrückt«.

Ohne Hohlraum gibt es keinen Freiraum, in dem sich Menschen in einer Weise begegnen könnten, daß das soziale Leben nicht mehr organisiert mechanisch abläuft, wie es der abgespaltene Pharisäer will, sondern sich organisch wandelt, dank dem Pharisäer, den wir als unseren Nächsten angenommen haben. So aber bleiben auf der einen Seite »das technische Haus, die technische Stadt, die von der technischen Stadt beherrschte, zum Menschheitshaus gemachte Erde«[74] und auf der anderen Seite tiefsinnige Worte, Anschauungen, Gottesbilder, die an der technischen Welthaftigkeit der Kirchen vorbeitönen. Verkrustungen, Verhärtungen, Mechanisierungen, Verengungen, ängstlicher Rückzug, Klaustrophobie auf der einen – und ganz aus der Ferne, ganz aus der Tiefe: Funken, Worte, Zeichen,

Verheißungen, Andeutungen, Ahnungen, Anhauch von Freiheit. Und wir auf der Grenze. Wir zwischen beiden, im hauchdünnen Zwischenraum, den unvereinbaren Gegensätzen in einem prekären Gleichgewicht fast wehrlos ausgeliefert. Gestoßene, Überlistete, Gedemütigte, Herumgepuffte, Verwundbare. Doch der richtige Clown hält die ungeheure Spannung zwischen den beiden Gegensätzen in einem subtilen, unbeschreiblich konzentrierten, spielerischen Gleichgewicht aus. Er bleibt immer Sieger. Die kleinste unbedachte Bewegung, und er würde im Feuer seiner tapferen Idee, seiner traurigen Wachheit verbrennen und verkohlen oder, von der Schwerkraft überwunden, erlahmen und fallen. Er verbirgt sein Geheimnis; er allein weiß um die Spannung zwischen den beiden Abgründen. Nur er weiß, warum er das Wunder vollbringen kann, Herzen anzurühren.

Der schizoide Mensch ist am gleichen Ort wie der Clown. Würde man durch sein Individuationsmuster einen statischen Querschnitt machen, könnte man ihn wahrscheinlich vom Clown nicht unterscheiden. Doch er lebt das Symbol des Clowns als schizoides Symptom. Zwar ist auch er innerlich oft ungeheuer gespannt, aber es ist nicht die beide Pole mit intensivem Gefühl bejahende Spannung des Clowns, sondern die Spannung der Abwehr. Er führt den hoffnungslosen Kampf auf zwei Fronten gegen das Alte, Schwerfällige, das ihn binden will, und das Neue, Leichte, das ihn befreien möchte, gegen Materie und Geist, Struktur und Seele, gegen Anruf und Antwort. Viele Menschen gleiten am gleichen Tag viele Male zwischen dem Clown und dem Schizoiden hin und her.

Die Trennung der Ureltern war seit jeher ein mühseliges Geschäft. Himmel und Erde müssen voneinander geschieden werden, damit im freien Raum zwischen beiden der Dialog entstehen kann: zwischen der kompakten, unbeweglichen, dinglich dunklen, schwerkräftigen Erdmutter, das heißt den Strukturen, Organisationen, Techniken, und dem Unfaßlichen, Belebenden, Begeisternden, Beseelenden, das heißt den Bildern, Worten, Ideen, Überzeugungen, Utopien, – zwischen dem Pharisäer und Jesus.

Unser Ort auf der Grenze[75] zwischen zwei anziehenden Polen kann zu zwei grundverschiedenen und doch verwandten seelischen Einstellungen führen: Entweder zum heute so verbreiteten schizoiden Lebensgefühl: zu einer gleichgültigen Wurstigkeit, einem Sich-hin-und-her-schlenkern-Lassen zwischen dem einen und dem andern Pol, ohne sich der einen oder anderen Seite zu verpflichten, zum Bemühen um das mindestmögliche Gleichgewicht zwischen den beiden Polen Denken und Fühlen, Geist und Trieb, Idee und Struktur, gegen deren Anziehung sie sich schützen, indem sie statt zu schauen nur noch starren oder blinzeln. Aber – und dies ist die zweite Einstellung zum Ort auf der Grenze – es gibt immer einen Freiraum zur Selbstverwirklichung in diesem engen Zwischenraum. Wir wissen dies sogar aus Zeugnissen, wie denen Dietrich Bonhoeffers aus dem Gefängnis und Viktor Frankls aus dem Konzentrationslager. Ein einziger Gedanke vermag die kannibalische Struktur zu relativieren, so daß wir wieder in einem Freiraum stehen: zwischen der Struktur und unseren Gedanken. Viktor Frankl, den ich soeben erwähnt habe, überlebte seelisch im Konzentrationslager, indem er diesem die Schöpfung der Logotherapie – der Psychotherapie durch Sinngebung – entgegenstellte und im Zwischenraum der beiden seine Menschenwürde bewahrte.

Menschen im Freiraum zwischen Kirche und säkularisierter Gesellschaft wirken auf andere faszinierend wie die Symbolfigur des Clowns: anziehend und abstoßend zugleich. Ihr Ort ist der des neuen Gottesbildes, der neuen Lebendigkeit. Wer am Rande der Kirche steht, ist der religiösen Versteinerung nicht ausgesetzt. Ohne Druck kann er mit anderen einen feierlichen Gottesdienst oder eine andere Feier genießen, in der Bibel oder einem anderen Buch lesen, äußere Bilder innerlich betrachten, vieldeutigen Geschichten zuhören oder solche erzählen, ohne ein tötendes »Das mußt du glauben!« zu hören. Gleichzeitig am Rande der säkularisierten Gesellschaft, fühlt er sich auch deren Zwängen weniger ausgeliefert. Auch von ihr kommen ihm lebendige Zeichen, dunkle Bilder, die im Ansprechen heller werden: Leitbilder, Gegenbilder, Bewegungsmotive, Anschauungen, die zum gemeinsamen Nachdenken, Verarbeiten, Handeln reizen und Gemeinschaft stiften.

Ich kenne kirchliche Gruppen in der Pufferzone zwischen Kirche und säkularisierter Gesellschaft, oder allgemeiner: zwischen einer Überzeugung und einem seelenlosen Alltag. Meist fallen sie nach einer gewissen Zeit wieder in sich zusammen, aber das spricht für ihre Lebendigkeit. Neben solchen Gruppen gibt es in dieser Pufferzone auch einzelne Individuen. Sie verbreiten, ohne es zu beabsichtigen, ein Klima, das Begegnungen fördert. Ich erinnere mich, wie während des feierlichen und steifen Eröffnungsgottesdienstes zum Zweiten Vaktikanischen Konzil der Schweizer Jesuit Mario von Galli plötzlich im Chor von Sankt Peter auf eine Kirchbank hüpfte, in clownesken Gebärden die Arme verrenkte, die verblüfften Teilnehmer zum Mitsingen animierte und grimassierend die Gesänge weiter dirigierte. Wie da auf einmal in St. Peter der Geist fluktuierte! Gesichter entspannten sich, Körper bewegten sich, man plauderte, schaute um sich, die Gefühlstemperatur stieg, Phantasien kamen in Bewegung, man guckte ins Gesicht des Nachbarn, lächelte der jungen Frau gegenüber zu, ein Kind weinte, jemand hustete. Die Atmosphäre eines feinmaschigen Kommunikationsnetzes intensivierte und verbreitete sich. Ich begann ein Glasfenster in meiner Nähe zu betrachten, das die Taube des Heiligen Geistes im Strahlenkreuz darstellte.

Der Clown, Narr, Trickser, der quecksilbrig bewegliche Mercurius aus der Alchimie, ist die Symbolgestalt, die in den Freiraum zwischen Kirche und Gesellschaft paßt. Er verbindet nicht statisch, sondern durch ein dialogisches Hin und Her. War nicht auch Jesus in einer Pufferzone: zwischen dem Alten und dem Neuen, Judentum und Christentum, nicht mehr Jude und noch nicht Christ? In solchen Zwischenräumen spielt man sich zum Menschen frei. In der Spiegel-Kommunikation lernen wir die Rollen zwischen Jesus und dem Pharisäer wechseln, bis sich beide zwar noch nicht in unserem Alltagsleben, aber schon im gleichen Gottesbild vereinen.

Unter Kaiser Konstantin zogen Römer im Jahr 324 mit Christus auf den Standarten in den Kampf gegen den Feind. Seit wir Jesus den Pharisäer als Nächsten beigesellt haben, ist es aus mit ihm als magischem Bild, das zur Eroberung und Bemächtigung der Feinde vorangetragen wird. Der »vollständige Jesus« wird zum »Grenzzeichen« zwischen den feindlichen Gegensätzen: zwischen Auferstehung und Höllenfahrt, dem »oberen« und dem »unteren Geist«, Inspiration und Inkarnation, Gott und

Selbst – und auch zwischen dem »Sohn Gottes« und dem »Sohn der Hölle«, wie Jesus seinen Pharisäer nannte. In Jesu Hölle gibt es noch viele Schätze zu heben.

Nicht nur in bezug auf Jesus, sondern auf alles, was uns auf unserem Weg begegnen will, gilt es aufmerksam zu hören und zu schauen. Es gibt auf diesem Weg mehr Zeichen als wir ahnen, mehr Hinweise auf unser Selbst, mehr Spiegel, die wir durchschreiten und in deren Tiefe wir hinabsteigen können. Jeder von uns sollte nach und nach jene Zeichen kennen, die seine wirkliche Identität, sein Selbst ausdrücken. Nebst Zeichen, die heute aufsteigen und morgen versinken, gibt es Zeichen, die wir ein Leben lang umkreisen. Wir werden nie satt, hinter ihre Rätsel zu kommen. Es sind unsere Geheimzeichen. Ihre Zusammenschau ergibt ein *Tiefen-Diagramm unserer Persönlichkeit.* Ich meine nicht nur Zeichen, die Kirchen und Religionen uns anbieten. Es können auch bestimmte Bewegungen und Gebärden sein, auf die wir bei Mitmenschen immer wieder stoßen, als hätten wir sie gesucht, und die uns bewegen und wandeln. Es mag eine bestimmte Art von Lächeln sein, das uns schon oft, wenn wir ihm begegnet sind, erlöst und in unserem Leben Klarheit gestiftet hat. Es mag ein charakteristischer Gesichtsausdruck sein, der ein neues Selbstgefühl, dessen wir bedürfen, in uns auslöst. Die Psychoanalyse hat bis heute einseitig nach den verzerrten Krankheitsbildern geforscht. Der Blick zurück hat sie blind für die belebenden und heilenden Bilder gemacht, die nach vorne rufen. In diesem Sinn teilt sie die rückwärtsgewandte Perspektive jener neurotischen Störungen, die sie zu heilen versucht. Es mag für die analytische Arbeit fruchtbar sein, wenn der Analytiker in bezug auf jeden seiner Analysanden ein psychisches Tiefen-Diagramm der für diesen charakteristischen belebenden Bilder graphisch unter Kennzeichnung ihrer unterschiedlichen Libido-Besetzung und im dynamischen Zusammenhang, in dem sie zueinander stehen, erstellt, vergleichbar etwa dem Komplex-Schema, das bei der Auswertung von Jungs Assoziationstest skizziert werden kann. Dies hilft unter anderem, Widerstände gegen einen erst im Unbewußten konstellierten Individuationsschritt genauer zu diagnostizieren. Solche Symbolwiderstände sind ebenso ernst zu nehmen und zu bearbeiten wie die Widerstände gegen die Bewußtmachung des Verdrängten.

Je besser wir unser psychisches Tiefen-Diagramm kennen, dieses aus verschiedenen dynamischen Bildelementen zusammengesetzte Selbstmuster, diese individuelle »Bilderwand«, desto tiefer leben wir in einem Sinnzusammenhang, der uns in Gefahren und Konflikten standhalten läßt. Auch das Tiefen-Diagramm ist in Bewegung und Wandlung begriffen, doch kennen wir immer besser den gleichen Pfeil, der, während er nach vorne fliegt, die Bilder vor sich hertreibt oder sich von den Bildern ziehen läßt. Die ständige Bewegung nach vorne läßt es nicht zu, daß wir scharfe Konturen und abgegrenzte Farbbezirke erkennen. In der Bewegung nach vorne schieben sich oft auch Bilder ineinander, und es ist ein reizvolles Spiel, ihr Zusammen- und Auseinanderspiel zu verfolgen.

Es gibt keine Gemeinschaft von Menschen ohne Bilder, Utopien, Anschauungen, Ideen, die alle ergreifen, die zu ihnen gehören, vor allem keine Gemeinschaft ohne Gottesbild, ob dieses als solches bezeichnet wird oder nicht. Die Identität der Gemeinschaft stammt aus dem gemeinschaftsstiftenden Gottesbild und anderen Bildern, die ihm zugeordnet sind und es umkreisen. Nur wo gemeinsame Symbole Menschen binden, bedeutet Gemeinschaftsbildung auch Selbstverwirklichung des einzelnen. Doch braucht es mehr als die gemeinsame Ergriffenheit durch Bilder, um eine Gemeinschaft zu bilden. Je stärker die gemeinsame Faszination, desto bedrohlicher ist die Gefahr einer kollektiven Inflation. Wer sich wirkkräftigen Bildern aussetzt, begibt sich in Gefahr. Eine Gemeinschaft, die sich noch fremden, wirkkräftigen Bildern im Rohzustand aussetzt, begibt sich in noch größere Gefahr. Alles Lebendige ist gefährlich. Die zerstörerische Erfahrung mit Symbolen im Nazideutschland hat viele Menschen *symbolscheu* gemacht. Doch war nicht das Symbol Ursprung der Zerstörung, sondern der völlige Mangel an Spiegel-Kommunikation mit ihm. Die seelische Verarbeitung dieses Kollektivtraumas steht noch aus. Einseitiger Rationalismus und Angst vor Symbolen sind Zeichen der Abwehr. Solange diese dominiert, ist der Nazischatten noch in uns und kann in neuer Verkleidung wieder gefährlich werden. Der Rationalist, der seine Gefühle nicht kennt, leidet in seinem Unbewußten an einer chaotischen aggressiven Bilderwelt. Solange Bilder nur aus dem Unbewußten wirken, sind sie ambivalent:

zerstörerisch und aufbauend zugleich. Die Aufarbeitung der noch nahen Vergangenheit mit deren Bildern, Idealen, Symbolen macht uns Angst. Unsere Eltern waren dem Feuer zu nahe. Jetzt sind wir zu weit von ihm entfernt. Und beide Extreme blockieren sowohl die Individuation des einzelnen als auch die Gemeinschaftsbildung. Es war gut, daß wir uns eine Zeitlang vom Feuer entfernt haben. Doch zeigt die erschreckende Zunahme der narzißtischen Neurose, wie sehr die Einigelung gegen den »Blick des Bildes«, der infolge unseres Widerstandes zum bösen Blick wird, das Lebendige in uns abtötet. Statt im Du das Selbst spiegelkommunikativ wahrzunehmen, reflektieren wir in trostloser Wiederkehr unser nur bewußtes Ich auf allen Oberflächen unserer Umwelt: ein langweiliges, eintöniges, hoffnungsloses, verzweifeltes Spiel.

Vielleicht hat Jung unter dem ersten starken Eindruck der Symbolwelt den entscheidenden Unterschied von Wirkung und Wahrheit, Ergriffenheit und moralischem Urteil zu wenig klar formuliert. Für einen gesunden Menschen ist das Symbol nicht einfach das Über-Mächtige. Wir sind fähig zurückzutreten, wenn ein Numinosum uns zu nahe kommt. Und vor allem: Wir können uns in dieses Zurücktreten einüben. Wir sind ihm nicht ausgeliefert. Es gehört in den Bereich unserer moralischen Verantwortung, zurückzutreten, wenn wir uns zur Spiegel-Kommunikation, zum bewußten Dialog, der die Macht des Symbols in verantwortete Bahnen lenkt, unfähig oder zu schwach fühlen. Gleichfalls jedoch sind wir moralisch verantwortlich, unser Selbstmuster zu realisieren, das heißt in der Außenwelt mit emotionaler Beteiligung jene Bilder aufnehmend wahrzunehmen, in denen wir uns spiegelnd realisieren.

Wie dargelegt, wurde in Gesellschaften mit langen Traditionen und einem alten Kanon von Glaubenssätzen, Anschauungen, Symbolen das überlieferte Bild dem einzelnen nicht nackt im Primitivzustand der ersten Ergriffenheit vorgelegt, sondern immer zusammen mit einer Deutung und einem vorgegebenen Weg zur Verwirklichung, zum Beispiel in den Initiationsriten der Naturvölker. Die »Sakralsozialisation« verhinderte die Überschwemmung durch Symbole und den zerstörerischen Amoklauf, der darauf folgen kann. Es war zwar noch kein individuelles Begreifen und Verarbeiten und deshalb auch keine eigentliche Spiegel-Kommunikation, aber eine durch unzählige Einzelerfahrungen mit dem Symbol bewährte Umsetzung in Werte, Verhaltensweisen, Glaubensinhalte. Es gibt auch für den einzelnen gewisse »vorprogrammierte«, im Selbst-Muster enthaltene und die Individuation fördernde individuelle Formen der Umsetzung der noch primitiven seelischen Wirkkräfte in Kulturleistungen.

Im »Dritten Reich« fehlte der lange, durch eine Kulturgeschichte verbürgte Umgang mit den Bildern. Diese wurden aus einer längst vergangenen, fremdgewordenen Epoche ohne die unerläßlichen, in unsere Zeit passenden Verarbeitungsmuster übernommen. Es mangelte an der vom Kollektiv gewährleisteten Spiegel-Kommunikation. Ein ganzes Volk sah sich Wirkungen ausgesetzt, denen es nicht gewachsen war.

Der Nationalsozialismus hat bewiesen, daß es für uns lebenswichtig ist, mit den Symbolen, aus denen wir gewachsen sind, das heißt den geschichtlich verarbeiteten Wirkkräften des Abendlandes in Religion, Kunst, philosophischen Basisideen, Literatur, in innerer Verbindung zu bleiben. Und diese in neuen Anschauungen spiegelkommunikativ, das heißt hier innerlich nahe zu bringen ist Kulturpflicht auch der christlichen Kirchen. Die Kirchen sollen in Spielräume gewandelt werden und ihre Identität an dem für die Spiegel-Kommunikation typischen Ort zwischen den Gegensätzen, zum Beispiel von Emotionalität und Verstand, ungebundenem Geist und verpflichtender Struktur, Anarchie und Staat, suchen. So erhält ihr Friedensauftrag einen tiefen und umfassenden Sinn, weil er ihr Bemühen um Versöhnung in den unterschiedlichsten Bereichen zentral einbezieht.

Nachdem die Türken 1453 Konstantinopel erobert hatten, zog die christliche Bevölkerung ganzer Dorfgemeinschaften von Kleinasien nach Griechenland, um dort neue Dörfer zu gründen. Sie nahmen dabei ihre heiligen Bilder, die Ikonen, mit. Die Wanderung war oft mühselig. Die Menschen hatten keine Heimat mehr hinter sich und noch keine Heimat vor sich. Ihre einzige Identität waren die Bilder. Indem sie die Bilder anschauten, erlebten sie Kontinuität trotz allen Umbruchs: eine eindrucksvolle geschichtliche Episode mit symbolischem Aussagewert auch für unsere Zeit des Umbruchs.

Neben dem individuellen Tiefen-Diagramm braucht es auch das kollektive. Beide sind Resultat einer Geschichte, wie auch diese ihr Resultat ist. Allerdings können wir das kollektive Tiefen-Diagramm nicht einfach wie unsere Vorfahren aus der Tradition übernehmen, denn die kollektiven Verarbeitungsmuster haben längst an Wirkkraft verloren. Um ihrer Fruchtbarkeit willen haben wir uns wieder unbefangen und von vergangenen Deutungen unbelastet ihren Wirkungen auszusetzen und diese auf individuelle Weise, aber im Zusammenspiel mit andern zu verarbeiten. Solange der einzelne sich mit einem Symbolkanon identifizierte, brauchte er nicht bewußt zwischen Wirkung und Wahrheit zu unterscheiden, denn mit der Wirkung war, wie in einem bedingten Reflex, auch die Sinndeutung mitgegeben und damit auch zum Teil die Abwendung der Gefahr, die dem Bewußtsein und der Ethik durch jedes konstellierte Symbol droht.

Im Nationalsozialismus haben die Menschen auf erschrekkende Weise erlebt, was Symbole bewirken können, wenn sie nicht in einer verantwortungsvollen Spiegel-Kommunikation mit dem Bewußtsein konfrontiert werden. Es wird Zeit, daß wir nach der verständlichen ersten Reaktion genereller Symbolabwehr jene Synthese von Wirkung und Wahrheit, Ergriffenwerden und Begreifen, vormoralischem Numinosum und ethisch verantwortlichem Denken und Handeln suchen, die auch innerhalb der christlichen Tradition bis zu einem gewissen Punkt durch die feste Verknüpfung von Bild und Deutung selbstverständlich war.

In diesen Prozeß der Spiegel-Kommunikation werden auch Symbole und Anschauungen einzubeziehen sein, die bei uns ihre Wirkung bisher zu wenig entfalten konnten. Ein wichtiger Teil von Jungs Werk dient der Spiegel-Kommunikation mit der Quaternität, die über die Trinität hinaus auch das Weibliche, Stoffliche, Dunkle, Instinkthafte, Körperliche einschließt. Die Hinwendung zum Körper in der jüngeren Psychotherapie, vor allem der Bioenergetik, zeigt, daß Jungs Intuition des »Vierten« heute einer kollektiven Faszination und Notwendigkeit entspricht. Der »dreifaltigen« männlichen Psychologie Freuds fügt Jung das Vierte hinzu, das Kollektive Unbewußte, den mütterlichen Ursprung jeglichen Bewußtseins. Durch jahrzehntelange

Spiegel-Kommunikation mit diesem in ihm am stärksten besetzten Symbol begriff er auch die Bedeutung des Weiblichen im Manne, der Anima, und überhaupt die Bedeutung der innerpsychischen Polarität der Geschlechter. Die Individuation hängt für ihn zu einem wichtigen Teil von der Bewußtmachung und Integrierung des Gegengeschlechts ab.

Der »Ort zwischen den Geschlechtern« entspricht zweifellos dem in unserer Zeit konstellierten Gottesbild im tiefenpsychologischen Sinn dieses Wortes. Die spiegelkommunikative Einübung in dieses Symbol, das erst anfängt seine Wirksamkeit zu entfalten, ist Sache eben jener Zwischen-, Frei- und Spielräume, von denen in diesem Kapitel die Rede ist. Wo denn sonst könnten sich gesellschaftliche Alternativen zur widersprüchlichen Verquickung von bewußtem Patriarchat und unbewußtem Matriarchat in Maria bilden, der Frau, die auch nach dem katholischen Dogma im Bewußtsein nicht angebetet werden darf, deren Bilder aber trotz dieses Verbotes in den katholischen und orthodoxen Kirchen ebenso verbreitet sind wie die ihres Sohnes, also tiefenpsychologisch ein unbewußtes Gottesbild ausdrücken? Männer sollten seelische Fähigkeiten wie Intuition, Gefühlsintensität, Integrierung der Emotionalität, Beschaulichkeit in den Räumen zwischen Gesellschaft und Kirche entfalten können, wie die Frauen Fähigkeiten wie logisches Denken, Unterscheidungsvermögen, sachbezogenes Argumentieren, Durchsetzungsvermögen usw. Denn die seelischen Bereitschaften zur Entwicklung dieser Fähigkeiten sind beiden Geschlechtern gegeben.

Ein Individuum, welches die eigene Gegengeschlechtlichkeit ins Unbewußte verdrängt, ist unfähig, sich anders zu lieben als im gegengeschlechtlichen Partner, das heißt, es erlebt sein Selbst nur, wenn es den Partner liebt, denn nur mit ihm zusammen ist es der vollständige, mann-weibliche Mensch. Die Beziehung ersetzt das Bewußtsein der eigenen Gegengeschlechtlichkeit. Selbstliebe ist dann nur möglich als Liebe zum gegengeschlechtlichen Partner, der das eigene unbewußte Gegengeschlecht symbolisiert. Die drei wichtigsten Folgerungen daraus sind, auf den Mann bezogen: Erstens ist er zwanghaft an die Frau gebunden, denn ohne sie »spürt« er sich selbst nicht. Zweitens kann er mit der Frau nicht in eine richtige Spiegel-

Kommunikation treten, weil er ihr Frausein nicht unvermischt von seinem eigenen Mannsein wahrnehmen kann, ist er doch nur zusammen mit ihr ein »ganzes Selbst«. Sowohl in seiner äußeren Bindung zur Frau als auch in seiner unbewußten Identität mit ihr ist die Frau nur ein – allerdings unerläßliches – Anhängsel seines Mannseins zur Vervollständigung seines Selbstgefühls. Drittens: Der Mann ist unfähig zu herzlichen Kontakten und Gefühlsbindungen zu anderen Männern. Weil er sich selbst als Mann ohne die Frau nicht »spürt«, »spürt« er auch den anderen Mann nicht. Statt dessen macht er ihn zum Konkurrenten. Die Libido, die in den gleichgeschlechtlichen Eros fließen möchte, bleibt im Ich blockiert und besetzt den Machttrieb. Auch damit entgeht ihm eine wichtige Gelegenheit zur Selbstverwirklichung, denn nur in Spiegel-Kommunikation mit einem anderen Mann könnte er zur Selbständigkeit, das heißt zum »Im-Selbst-Stehen« und seelischer Unabhängigkeit als Mann gelangen. Dieser psychodynamische Prozeß kann mit umgekehrtem Geschlechtsvorzeichen fast ganz auf die Frau übertragen werden.

Das »Problem« liegt in der Luft, das heißt, das Bild des Hermaphroditen ist heute zum Gottesbild geworden. Zwangs-Homosexualität zur Abwehr der Selbstentfremdung durch die Frau nimmt überhand im gleichen Maß wie Zwangs-Heterosexualität zur Abwehr der Bedrohung des Selbst durch den anderen Mann. In beiden Fällen geht es um untaugliche Versuche der Psyche, zur Erfahrung des bipolaren eigenen Selbst vorzustoßen. Kaum ein anderes Problem spielt heute in der Psychotherapie eine so dominierende Rolle wie dieses. Gibt es zur Lösung dieser Frage ein gesellschaftliches Pendant zur Psychotherapie? Wo ist der Spielraum, wo Frauen auch zu Frauen Gefühlsbindungen entwickeln können und Männer zu Männern, wo Frauen Männern auch »männlich« und Männer Frauen auch »weiblich« begegnen können, wo die Frau vom Mann wirklich als Frau wahrgenommen, geachtet und geliebt wird, und umgekehrt, und wo jeder im Gegengeschlecht eine bestimmte emotionale und geistige Tönung seines Selbst wahrnimmt oder, wie Jung sagt, sein Seelenbild? Hanna Wolff meint, daß Jesus ein Mann war, der Frauen sachlich, das heißt ohne unbewußte Identifizierungen begegnen konnte. Doch frage ich die Autorin, ob Jesus Männern wie zum Beispiel den Pharisäern gegenüber sachlich, das heißt ohne unbewußte Identifizierungen war?

Ich kenne kleinere Gruppen, in denen die Einübung in eine umfassendere, zweigeschlechtliche Selbsterfahrung versucht wird, und zwar nicht programmatisch und »gruppentherapeutisch«, sondern es hat sich einfach so ergeben, und eines Tages begann man das zu besprechen, was eigentlich seit längerem schon im Gange war. Die Gespräche führten in die bewußte Spiegel-Kommunikation mit dem Gottesbild des Hermaphroditen.

Es wäre dem Thema dieses Buches nicht angemessen, wenn ich mich nun, nachdem ich mich selber der Spiegel-Kommunikation mit dem Gottesbild gestellt und dank ihr Neues vom eigenen Selbst erfahren habe, zum Schluß aus ihr herausstehlen und von einem endlich nur »objektiven« äußeren Standort aus das Geschriebene begutachten und in einer These zusammenfassen und abschließen würde, gleichsam um mich mit der Beendigung des Buches auch von seinem Thema, nämlich vom Bemühen um die Auseinandersetzung mit dem Gottesbild, zu verabschieden.

Wenn ich mich jedoch selber von dem »Punkt zwischen den beiden Polen«, wo sich Spiegel-Kommunikation ereignet, zwischen Anruf und Antwort, zu guter Letzt entfernen würde, wie dürfte ich dann vom Leser erwarten, daß er das von mir Geschriebene in jener Haltung, die der Spiegel-Kommunikation förderlich ist, aufnimmt, nämlich gleichzeitig mit wachem Geist für äußere Impulse und intuitiver Konzentration auf das innere Selbst? Nein, zu einem guten Teil schafft sich der Autor seine Leser selber. Um jene Leser zu bekommen, die ich mir wünsche, habe ich die Spiegel-Kommunikation ohne Obolus an die »Gott-Hypostase« bis zum Schlußpunkt durchzustehen.

Ich werde deswegen von einem Mythos berichten, der, so hoffe ich, in konzentrierter Form das Spiel zwischen Religion und Tiefenpsychologie, numinoser Ergriffenheit und vernünftigem Begreifen, von Gottesbild und menschlichem Selbst exemplarisch darstellt. Auch die Zusammenfassung dieses Buches soll also aus der Schilderung eines Erlebnisprozesses kommen. Der Mythos befindet sich in der bis zum heutigen Tag am meisten gelesenen religiösen Schrift Indiens, nämlich der Bhagavad-Gita. Er entfaltet in symbolischer Sprache die dynamisch sich verwirklichende Spiegel-Kommunikation des Helden Arjuna mit dem Gott Krishna, einer Inkarnation des höchsten Gottes Vischnu.

Die Gestalt Krishnas kann grob vereinfachend als eine Mischung zwischen Jesus und dem griechischen Gott Pan bezeichnet werden. Mit Jesus hat er die Vorbildlichkeit seines bis in viele Details beschriebenen Lebens gemeinsam wie auch den persönlichen Bezug im Gebet, den die Gläubigen zu ihm haben. Mit Pan teilt er die Sinnenfreudigkeit: Er spielt auf der Flöte, durchstreift schon als Kind die Wildnis, versteckt zum Scherz die Gewänder der Hirtinnen, flicht Girlanden aus wilden Blumen. Er ist lange Zeit mit seinem Bruder Rama unterwegs, was auf eine bewußte Beziehung zur eigenen Männlichkeit schließen läßt. Deshalb hat er zur Frau ein erotisches, ungezwungenes Verhältnis. Die wichtigste religiöse Figur Indiens ist kein Gottesbild, aus dem die Sexualität ausgeklammert ist. Instinktwelt und Sinnlichkeit werden von Krishna einbezogen und integriert. Er besiegt den Schlangenkönig, der die Triebkraft verkörpert, bleibt aber nicht sein Feind, sondern versöhnt sich zum guten Schluß mit ihm: ein anschauliches Bild für die Integration des Körperlichen, Materiellen, Triebhaften nach dessen vorübergehend unerläßlicher Abspaltung. In Indien sind »die Schlange und der Heiland zwei Grundmanifestationen der einen, allenthaltenden, göttlichen Substanz«[76]. Es gibt also keine Verdrängung des unbewußten Gegensatzes, kein »Zertreten der Schlange«, sondern Versöhnung und Zusammenspiel.

Mit diesem Krishna nun tritt der Held Arjuna in Spiegel-Kommunikation. Sie hat Arjunas Erkenntnis von seinem »vorgesehenen« Lebensweg zum Ziel. Um diesen kennenzulernen, muß sich der Held Arjuna völlig auf den Gott Krishna konzentrieren, wie dies die Angehörigen des Bhakti-Yoga bis zum heutigen Tag praktizieren. Krishna fordert von Arjuna: »Mit festem Intellekt, der immer an mich denkt, muß er ... mich zum höchsten Ziel nehmen.« Es geht Arjuna in der Meditation nicht um die bloß innere subjektive Erfahrung, sondern um eine konkrete, schwierige Einzelentscheidung, die er im Kriege, also in größtmöglicher Aktivität, zu treffen hat, nämlich ob er seine Feinde schonen soll oder nicht. Arjuna weiß, daß er sich dabei nicht einfach auf überkommene Moralvorschriften berufen darf. Nur die innere Verbindung mit dem Gott Krishna und die Auseinandersetzung im Gespräch mit ihm kann ihm nach und nach die richtige Antwort vermitteln. Arjuna findet den Sinn seines geschichtlichen Lebens darin, daß er sich innerlich auf Krishna als Modell konzentriert. »Indem er Gott erkennt,

erkennt der Mensch das Muster, dem er folgen muß.«[77] Im Geiste der Bhagavad-Gita hat der Mensch gleichzeitig zwei widersprüchlich scheinende Haltungen zu verwirklichen, um seinen Individuationsweg zu finden: die Haltung der Aktivität, die nach außen geht, und die Haltung der Konzentration, bei welcher sich der Blick nach innen richtet, Extraversion und Introversion. Nur bei gleichzeitiger Bezogenheit auf die äußere Situation, in welcher der Mensch aktiv steht, und auf das eigene Selbst wird das Begreifen des eigenen Lebensweges möglich: empirischer Tatsachensinn und Intuition, karman, Aktion, und sama, Kontemplation, in einem.

Ich gehe davon aus, daß der indische Leser der Bhagavad-Gita sich mit dem Helden Arjuna identifiziert: Er selber ist Arjuna, der Krishna um Rat anruft. Insofern ist Arjuna nicht mehr in der privilegierten Situation des Mythos, wo der Mensch mit »Göttern, die auf Erden wandeln«, Gespräche führt. Arjuna wird zum gewöhnlichen Menschen, der in einer wichtigen Entscheidungssituation im Alltag nicht auf das Wunder hoffen darf, das seine Entscheidungsschwäche und Unsicherheit fortzaubert, auf einen deus ex machina. Der Leser der Bhagavad-Gita steht mit Arjuna in einer Zerreißprobe: Soll er sich vor der Entscheidung drücken und in die altbewährte Moral und überlieferte Weltanschauung flüchten, oder sich ungesichert der neuen Situation stellen? Letzteres scheint unmöglich, fehlt doch das zur neuen Situation passende Verhaltensmuster. Das neue äußere »Situationsmuster« ist komplexer als alle bisherigen subjektiven Reaktionsmuster. Die neue Information kann vom alten Muster nicht verarbeitet werden.

Was nun? Den alten Gott vom Throne stürzen, weil er nichts mehr taugt? Krishna, der mich bisher geweckt und geprägt hat, zusammen mit diesem entmachten? Für den westlichen Leser: Christus, der mein Selbsterleben und Wertesystem in hohem Maße geschaffen hat, mit einem paulinischen »ein-für-allemal« den Rücken kehren? Das alte Gottesbild zerstören statt es wandeln? Die alte Identität ausradieren und eine neue an seine Stelle setzen? Nicht mit dem alten Gott kämpfen, sondern den Kampf, der das Gottesbild und mich selber wandeln könnte, verweigern und nach einem neuen Gott Ausschau halten? Beim Sprung ins Neue das Alte verleugnen?

Doch diese Radikalkur würde einer zentralen Erfahrung widersprechen: Dank dem alten Gottesbild war ich lange Zeit *lebendig*. Es hat mich gerufen, und ich habe geantwortet. Zusammen mit ihm habe ich das Gespür für meine seelische Dynamik und Lebendigkeit bekommen. Mit meinem bisherigen Gottesbild assoziiere ich weniger dessen Grenzen, Vergänglichkeit, Überholbarkeit, als die von allen Veränderungen unabhängige seelische Dynamik, die mein ganzes Leben wie ein roter Faden durchzieht. Ich verbinde mein eigenes Gottesbild mit meinem Leben, das war und das weitergeht. Das Gottesbild ist zwar nur ein Bild, aber ein Bild des Lebendigen. Deshalb: Ich erwarte von meinem alten Gottesbild, daß es mir auf die neue Frage keine alte Antwort gibt. Nur aus diesem Widerspruch kann mir Zuspruch kommen. Nur durch diesen Widerspruch gebe ich dem alten Gottesbild die Chance der Erneuerung und Erweiterung. In der neuen Antwort soll das alte zum neuen Gottesbild, zum Bild des Lebendigen werden.

Die Enttäuschung über die Unbrauchbarkeit des alten Gottesbildes hat sich gelegt. Ich beginne mich auf die neue Entscheidungssituation einzustellen. Es entsteht eine Verbindung zu ihr, eine Verbindung zur Antwort, die mir das alte Gottesbild noch nicht gegeben hat. Ja, genauso habe ich, Arjuna, Krishna früher gekannt. Er muß es sein, da vorne, noch unbestimmt, mit noch schwimmenden Konturen. Ich habe ihn an seiner Lebendigkeit identifiziert, die mich schon früher ergriffen hat. Daran habe ich ihn wiedererkannt. Er lebt wirklich.

Die Situation drängt. Soll ich meine Feinde umbringen oder verschonen? Um meines Lebens willen bedränge ich nun selber Krishna, das bekannte und jetzt doch unbekannte Du vor mir, das unausgesprochene Wort. Ich erwarte alles von ihm: die Entscheidung, das neue Selbst. Immer mehr eigene Energie fließt in das Du. Der noch schweigende Gott stärkt sich mit meinem Blut, damit er mir die richtige Antwort geben kann. Immer mehr von meiner Kraft strömt in die kurz bevorstehende Erkenntnis, was ich zu tun habe, in die Antwort.

Der indische Leser der Bhagavad-Gita ist gewohnt, die »Stimme Gottes« gleichzeitig draußen im »Kampf des Lebens« und als innere Stimme zu vernehmen. Diese Gleichzeitigkeit verbürgt die richtige Aufnahme der Botschaft. Der Dialog mit

Krishna spielt sich zwar im Inneren des Menschen ab, aber er wird nur möglich dank dem offenen Blick auf die äußere Situation, denn eben diese hat ja »den schlafenden Krishna geweckt«. Krishna spricht zu Arjuna gleichzeitig aus dem Kampfgetümmel und im Selbst. Deshalb ist der Inder der Versuchung weniger ausgesetzt, zunächst das alte und dann das neue Gottesbild zu verabsolutieren, das eine gegen das andere auszuspielen. In der indischen Mythologie sind alle Götter nur vorübergehende Gestaltungen der einen Shakti, Energie. Auf die Lebendigkeit kommt es an. Die gleiche Dynamik der Psyche läßt ein Gottesbild untergehen und ein neues entstehen. Die gleiche Dynamik, der gleiche Dialog, die gleiche Spiegel-Kommunikation. Die gespannte Erwartung auf die neue Offenbarung Krishnas orientiert den Blick sowohl nach außen, auf den Kriegsschauplatz, wo jetzt entschieden werden muß, als auch nach innen, wo das Du nach und nach ein neues Selbst, in dem die fällige Entscheidung mit einbezogen ist, wachruft, beseelt, ordnet, strukturiert. So verdichtet sich Krishna auch jetzt neu zum »Muster, dem der Mensch folgen muß«. Das Du konstelliert einmal mehr das Selbst. Das äußere Situationsmuster und die innere Individuationsdynamik sind daran, sich in einer neuen Wahrnehmung meiner selbst zu begegnen, dank dem imaginierten Du, das gleichzeitig von außen und innen ruft: eine einzige Stimme, vox dei, ein einziges Selbst.

Doch die Entscheidung ist noch immer nicht getroffen. Die Spannung ist kaum mehr auszuhalten. Die Soldaten warten auf meinen Befehl. Ich darf nicht mehr zögern. Ich fühle mich ausweglos in die Enge getrieben. Ich bin versucht, nach einem »Zeichen vom Himmel« zu schreien. Aber als Arjuna weiß ich aus den uralten Erfahrungen des indischen Volkes, daß ich gerade jetzt in der Mitte zwischen der immer schärfer wahrgenommenen äußeren Situation und der immer intensiveren Konzentration nach innen standhalten muß. Noch nie kam die gerade richtige Antwort als eben an diesem Ort, in diesem Zentrum zwischen den beiden Kraftfeldern.

Auf einmal ist das unerträgliche Gefühl der Enge und Spannung weg. Dabei ist nichts geschehen. Ich habe meine Entscheidung noch gar nicht getroffen. Es ist, wie wenn sich meine notwendige Frage an Krishna aufgelöst hätte. Wie wenn es selbst Krishna nicht mehr gäbe. Auf einmal weiß ich, was geschehen ist. Ich bin genau in der Mitte zwischen Außen und Innen, zwischen den äußeren Lebensumständen und dem inneren Selbst. Ich bin im Gleichgewicht. Ich fühle mich nicht mehr von außen oder innen beengt. Ein Spiel-Raum ist entstanden. Krishna spielt auf der Flöte, der Derwisch tanzt auf der Grenze, Engel steigen auf der Jakobsleiter hinauf und hinunter. Das alte Bild, das ich von mir selber habe, lockert sich. Die alte Gestalt schwimmt auf eine neue zu. Ich habe keine Angst, denn einmal mehr – wie konnte ich die früheren Male vergessen? – bin ich mit einem neuen Individuationsschritt, mit dem »Pfeil meines Lebendigen«, mit der vorgezeigten Richtung identisch.

Nun gilt es rasch in die Spiegel-Kommunikation zu treten. Meine Entscheidung muß aus der gegenseitigen Spiegelung von außen und innen, des Kriegsschauplatzes und der seelischen Schaltstelle im Selbst kommen. Ich muß die Entscheidung gleichzeitig völlig aus den objektiven Umständen und völlig aus der eigenen Subjektivität schöpfen. Dabei fallen beide Pole in eins. Ein einziges Muster muß entstehen, ein Muster, das ich jetzt selber bin: mein neues Selbst, das ganz und gar angepaßt und ganz und gar frei ist. Eine nach außen hin angepaßte und von innen her freie Entscheidung. Das Gefühl eines bloßen Kompromisses könnte nur entstehen, wenn ich den genauen Punkt zwischen außen und innen verlieren würde. Nur diesem Punkt gilt das Zen-Wort: »Wenn ich esse, esse ich«, oder Jesu Wort: »Deine Rede sei ja, ja, nein, nein.«

Nur einen Augenblick lang befinde ich mich in dieser Mitte. In eben diesem Augenblick schieße ich den Pfeil ab, fälle ich die Entscheidung. Welche Entscheidung hat Arjuna in der Bhagavad-Gita gefällt? Dies hat mich hier nicht zu kümmern. Die Neugierde auf den Arjuna der Geschichte soll mich nicht von Arjuna als meinem Selbst ablenken. Es geht um die eigene Spiegel-Kommunikation.

Im gleichen Augenblick, da der Pfeil die Entscheidung trifft, entsteht das neue, zentrale Muster, wandle ich mich in die neue Persönlichkeit. Für sie ist die soeben getroffene Wahl das spezifische Erkennungszeichen. Das Entscheidende am neuen Gottesbild ist der Unterschied zum alten. Der wahrhaft Gläubige bringt dem neuen persönlichkeitsstiftenden Detail in seinem Gottesbild die größte Verehrung entgegen.

Nun ist Krishna wieder verstummt. Ich habe wieder eine lebendige, nach außen und innen stimmige Erfahrung meiner selbst. Ohne Zweifel werden die äußeren Lebensumstände eines Tages wieder komplexer werden und das neue Selbst veralten. Dann wird erneut ein Energiegefälle von der Welt zum Selbst entstehen, und der dunkle Gott wird wieder in einem Bild hell werden zu einer neuen »Erleuchtung im Selbst«.

Anmerkungen

1 Sigmund Freud: Gesammelte Werke, Band 14. London 1948, S. 343
2 Erich Fromm: Psychoanalyse und Religion. München 1980, S. 18
3 Sigmund Freud: Gesammelte Werke, Band 14. London 1948, S. 443
4 Antoine Vergote: Religionspsychologie. Olten 1970, S. 132f.
5 ebenda, S. 163f.
6 ebenda, S. 166f.
7 ebenda, S. 171
8 Louis Debarge: Psychologie und Seelsorge. Luzern 1969, S. 59–88
9 Jürgen Moltmann: Der gekreuzigte Gott. München 1972, S. 179
10 Edward Schillebeeckx: Gott – die Zukunft des Menschen. Mainz 1969, S. 153
11 Jürgen Moltmann: Der gekreuzigte Gott. München 1972, S. 182
12 C. G. Jung: Psychologische Typen. In: Gesammelte Werke, Band 7. Olten ^{5}1988, S. 261
13 ebenda
14 C. G. Jung: Psychologie und Religion. In: Gesammelte Werke, Band 11. Olten ^{5}1988, S. 23
15 C. G. Jung: Psychologie und Alchemie. In: Gesammelte Werke, Band 12. Olten ^{5}1987, S. 32
16 C. G. Jung: Gut und Böse in der analytischen Psychologie. In: Gesammelte Werke, Band 10. Olten ^{3}1986, S. 505
17 Das Tibetanische Totenbuch. Oder Die Nachtod-Erfahrungen auf der Bardo-Stufe. Herausgegeben von Walter Evans-Wentz. Olten 1988
18 Handwörterbuch des deutschen Aberglaubens. Herausgegeben von Eduard Hoffmann-Krayer und Hanns Bächthold-Stäubli. Berlin 1927–1942
19 Dorothee Sölle: Atheistisch an Gott glauben. Olten 1968, S. 78f.
20 Erich Fromm: Psychoanalyse und Religion. München 1985, S. 101
21 Wolfhart Pannenberg: Vorlesung von 1969/70. München
22 Helmut Barz: Stichwort: Selbstverwirklichung. Stuttgart 1981, S. 28
23 Rudolf Otto: Das Heilige. München 1963, S. 17. Hervorhebungen vom Autor
24 ebenda
25 ebenda
26 vgl. Kapitel 13
27 Rudolf Otto: Das Heilige. München 1963, S. 8–10
28 ebenda, S. 22ff.
29 Erich Fromm: Psychoanalyse und Religion. München 1980, S. 23
30 C. G. Jung: Die psychologischen Grundlagen des Geisterglaubens. In: Gesammelte Werke, Band 8. Olten ^{15}1987, S. 329ff.
31 Heinz Müller-Pozzi: Psychologie des Glaubens. München 1975, S. 89
32 Rudolf Otto: Das Heilige. München 1963, S. 25
33 ebenda, S. 30
34 Augustinus: Confessiones 11, 9, 1

35 ebenda
36 vgl. das Kapitel ›L'amour christique‹ in: Peter Schellenbaum: Le Christ dans l'Energétique teilhardienne. Paris 1971, S. 402–441
37 Ernst Bloch: Das Prinzip Hoffnung. Frankfurt 1970, S. 1093. Hervorhebungen vom Autor
38 ebenda
39 C. G. Jung: Die Psychologie der Übertragung. In: Gesammelte Werke, Band 16. Olten [4]1984, S. 211
40 Anna Freud im Vorwort zu: Humberto Nagera (Hrsg.): Psychoanalytische Grundbegriffe. Frankfurt 1978, S. 10
41 C. G. Jung: Paracelsus als geistige Erscheinung. In: Gesammelte Werke, Band 13. Olten [2]1982, S. 215
42 C. G. Jung: Zur Psychologie des Kindarchetypus. In: Gesammelte Werke, Band 9/I. Olten [6]1985, S. 327
43 ebenda, S. 178f.
44 ebenda, S. 178f.
45 Martin Buber: Ich und Du. Heidelberg 1962, S. 96
46 ebenda
47 Martin Buber: Hinweise. Zürich 1953, S. 32
48 ebenda, S. 295
49 Martin Buber: Das dialogische Prinzip. Heidelberg 1979, S. 292
50 ebenda, S. 251f.
51 Meister Eckart: Predigt ›Nolite timere‹
52 Edward Schillebeeckx: Menschliche Erfahrung und Glaube an Jesus Christus. Freiburg 1979, S. 14
53 ebenda
54 Dietrich Bonhoeffer: Widerstand und Ergebung. München 1970, S. 179
55 Helmut Barz: Selbst-Erfahrung. Stuttgart 1973, S. 153
56 Peter L. Berger: Auf den Spuren der Engel. Frankfurt 1970, S. 79
57 ebenda
58 Jürgen Moltmann: Der gekreuzigte Gott. München 1972, S. 313
59 ebenda
60 Dante Alighieri: Divina Comedia, Paradiso 28, 16–39
61 zur Spiegelsymbolik vgl. Peter Schellenbaum: Homosexualität des Mannes. München 1980, u.a. S. 43ff., 52f., 73f.
62 Marie L. von Franz: Der Individuationsprozeß. In: Der Mensch und seine Symbole. Herausgegeben von C. G. Jung und Marie L. von Franz. Olten 1979, S. 167f.
63 Peter Schellenbaum: Homosexualität des Mannes. München 1980, S. 167f.
64 Gertrud von le Fort: Das Schweißtuch der Veronika. München 1986. Es geht hier um die Figur der Tante Ethel.
65 vgl. Sheldon B. Kopp: Triffst du Buddha unterwegs. Düsseldorf/Köln 1976
66 C. G. Jung: Antwort auf Hiob. In: Gesammelte Werke, Band 11. Olten [5]1988, S. 429
67 ebenda, S. 435
68 Dorothee Sölle: Das Recht ein anderer zu werden. Stuttgart 1981, S. 149

69 Robert Schütz: Psychoanalyse und christlicher Glaube. Stuttgart 1971, S. 83–95
70 C. G. Jung: Das Gewissen in psychologischer Sicht. In: Gesammelte Werke, Band 10. Olten [3]1986, S. 493. Hervorhebungen vom Autor
71 C. G. Jung: Antwort auf Hiob. In: Gesammelte Werke, Band 11. Olten [5]1988, S. 462
72 Helmut Barz: Selbst-Erfahrung. Stuttgart 1973, S. 83–94
73 Ernst Bloch: Das Prinzip Hoffnung. Frankfurt 1970, S. 1524
74 Hanna Wolff: Jesus der Mann. Stuttgart 1975, S. 82
75 vgl. Paul Tillich: Auf der Grenze. Stuttgart 1971, S. 223
76 Heinrich Zimmer: Indische Mythen und Symbole. Düsseldorf 1972
77 Mircea Eliade: Yoga. Zürich 1960

Literaturverzeichnis

Barz, Helmut: Selbst-Erfahrung. Stuttgart 1973
–: Vom Wesen der Seele. Stuttgart 1979
–: Stichwort: Selbstverwirklichung. Stuttgart 1981
Berger, Peter L.: Auf den Spuren der Engel. Frankfurt 1970
Bitter, Gottfried (Hrsg.): Konturen heutiger Theologie. München 1976
Blank, Josef: Jesus von Nazareth. Freiburg 1972
Bloch, Ernst: Atheismus im Christentum. Frankfurt 1968
–: Das Prinzip Hoffnung. Frankfurt 1970
Bonhoeffer, Dietrich: Widerstand und Ergebung. München 1970
Buber, Martin: Das dialogische Prinzip. Heidelberg 1979
–: Hinweise. Zürich 1953
–: Ich und Du. Heidelberg 1962
Chevalier, Jean: Dictionnaire des Symboles 1–4. Paris 1974
Conze, Edward: Der Buddhismus. Stuttgart 1977
Cox, Harvey: Das Fest der Narren. Stuttgart 1970
Debarge, Louis: Psychologie und Seelsorge. Luzern 1969
Eliade, Mircea: Yoga. Zürich 1960
Frankl, Viktor E.: Ärztliche Seelsorge. München 1975
von Franz, Marie L.: Zahl und Zeit. Frankfurt 1980
Freud, Sigmund: Gesammelte Werke. London 1942–1950 und Frankfurt 1960 ff.
Fromm, Erich: Zen-Buddhismus und Psychoanalyse. Frankfurt 1972
–: Psychoanalyse und Religion. München 1980
–: Ihr werdet sein wie Gott. Hamburg 1980
Das Geheimnis der Goldenen Blüte. Herausgegeben von R. Wilhelm. Olten 1973
Das Gilgamesch-Epos. Herausgegeben von A. Schott. Stuttgart 1974
Gollwitzer, Helmut: Krummes Holz – aufrechter Gang. München 1971
Guardini, Romano: Religion und Offenbarung I. Würzburg 1958
Handwörterbuch des deutschen Aberglaubens. Herausgegeben von Eduard Hoffmann-Krayer und Hanns Bächthold-Stäubli. Berlin 1927–1942
Hasenhüttl, Gotthold: Herrschaftsfreie Kirche. Düsseldorf 1974
Hauer, Jakob Wilhelm: Tantra-Yoga. Unveröffentlichtes Seminar im Psychologischen Club. Zürich 1932
Hostie, R.: C. G. Jung und die Religion. Freiburg 1957
I Ging. Das Buch der Wandlungen. Herausgegeben von R. Wilhelm. Düsseldorf 1972
Jacobi, Jolande: Vom Bilderreich der Seele. Olten 1969
–: Die Psychologie von C. G. Jung. Olten 1971
Jung, C. G.: Gesammelte Werke. Olten 1971–1981
Kasper, Walter: Jesus der Christus. Mainz 1974
Kohut, Heinz: Narzißmus. Frankfurt 1976
–: Die Heilung des Selbst. Frankfurt 1979
Kopp, Sheldon B.: Triffst Du Buddha unterwegs. Düsseldorf/Köln 1976

Kröger, Athanasius: Mensch und Person. Recklinghausen 1976
de Kruijf, Th. C.: Zerbrochene Gottesbilder. Freiburg 1969
Küng, Hans: Wahrhaftigkeit. Freiburg 1968
–: Christ sein. München 1974
le Fort, Gertrud von: Das Schweißtuch der Veronika. München 1986
Machovec, Milan: Jesus für Atheisten. Stuttgart 1973
Metz, Johann B.: Zur Theologie der Welt. Mainz 1968
Moltmann, Jürgen: Der gekreuzigte Gott. München 1972
–: Theologie der Hoffnung. München 1965
Mühlen, Heribert: Der heilige Geist als Person. Münster 1963
Müller-Pozzi, Heinz: Psychologie des Glaubens. München 1975
Nagera, Humberto (Hrsg.): Psychoanalytische Grundbegriffe. Frankfurt 1978
Neumann, Erich: Kulturentwicklung und Religion. Zürich 1953
–: Tiefenpsychologie und neue Ethik. München 1973
–: Ursprungsgeschichte des Bewußtseins. München 1974
–: Das Kind. Fellbach 1980
Otto, Rudolf: Das Heilige. München 1963
Pohier, Jacques-Marie: Quand je dis Dieu. Paris 1977
Richter, Horst E.: Flüchten oder Standhalten. Hamburg 1980
Schellenbaum, Peter: Le Christ dans l'Energétique teilhardienne. Paris 1971
–: Le Christologie de Teilhard de Chardin. In: Theologische Berichte 2. Einsiedeln 1973
–: Homosexualität des Mannes. München 1980
Schillebeeckx, Edward: Christus und die Christen. Freiburg 1977
–: Gott – Die Zukunft des Menschen. Mainz 1969
–: Jesus. Freiburg 1975
–: Menschliche Erfahrung und Glaube an Jesus Christus. Freiburg 1979
Schoonenberg, Piet: Ein Gott der Menschen. Einsiedeln 1969
Schütz, Robert: Psychoanalyse und christlicher Glaube. Stuttgart 1971
Sölle, Dorothee: Atheistisch an Gott glauben. Olten 1968
–: Leiden. Stuttgart 1973
–: Das Recht ein anderer zu werden. Stuttgart 1981
–: Stellvertretung. Stuttgart 1972
–: Die Wahrheit ist konkret. Olten 1967
Teilhard de Chardin, Pierre: Das göttliche Milieu. Olten 1962
Thielicke, Helmut: Fragen des Christentums an die moderne Welt. Tübingen 1948
–: Ich glaube. Freiburg 1971
Das Tibetanische Totenbuch. Oder die Nachtod-Erfahrungen auf der Bardo-Stufe. Herausgegeben von Walter Evans-Wentz. Olten 1988
Tillich, Paul: Auf der Grenze. Stuttgart 1971
Vergote, Antoine: Religionspsychologie. Olten 1970
Wilde, Oscar: Der Sozialismus und die Seele des Menschen. Zürich 1970
Wolff, Hanna: Jesus der Mann. Stuttgart 1975
Wolff, Hans W.: Anthropologie des Alten Testaments. München 1973
Zahrnt, Heinz: Wozu ist das Christentum gut? München 1972
Zimmer, Heinrich: Indische Mythen und Symbole. Düsseldorf 1972